沖縄戦75年

戦火の記憶を追う

琉球新報社 編集局 編著

高文研

✪もくじ

II 首里城と第32軍司令部壕

3. 32軍壕の保存、公開、活用に向けて

III　記者が歩く戦場の爪痕

Ⅳ　記事で繋ぐ現代と沖縄戦

VI　県民、読者と刻む沖縄戦

装丁：商業デザインセンター・増田　絵里

沖縄戦 75 年　戦火の記憶を追う

══ 取材・執筆者一覧 ══

◆「戦争死」に向き合う―沖縄戦 75 年追悼の内実

・中村《なかむら》万里子《まりこ》　・安里《あんり》洋輔《ようすけ》　・島袋《しまぶくろ》良太《りょうた》　・稲福《いなふく》政俊《まさとし》

◆首里城と第 32 軍司令部壕―激戦招いた“負の遺産”

・仲村《なかむら》良太《りょうた》　・大城《おおしろ》周子《のりこ》　・安里洋輔　・古川《ふるかわ》　峻《たかし》

◆戦火の首里城―地下に眠る 32 軍壕

・仲村良太　・大城周子　・安里洋輔

◆ 32 軍壕の保存、公開、活用に向けて

・小那覇《おなは》安剛《やすたけ》　・座波《ざは》幸代《ゆきよ》　・伊佐《いさ》尚記《なおき》　・阪口《さかぐち》彩子《あやこ》

◆記者が歩く戦場の爪痕

・新垣《あらかき》若菜《わかな》　・金良《きんら》孝矢《たかや》　・當銘《とうめ》千絵《ちえ》　・宮城《みやぎ》隆尋《たかひろ》　・荒井《あらい》良平《りょうへい》

・砂川《すなかわ》博範《ひろのり》　・喜屋武《きゃん》研伍《けんご》　・岩切《いわきり》美穂《みほ》　・塚崎《つかざき》昇平《しょうへい》　・大嶺《おおみね》雅俊《まさとし》

・佐野《さの》真慈《しんじ》　・照屋《てるや》大哲《だいてつ》　・金城《きんじょう》実倫《さねなり》　・嘉数《かかず》　陽《よう》

◆記事で繋ぐ現代と沖縄戦

・黒田《くろだ》　華《はな》　・問山《といやま》栄恵《さかえ》　・安里洋輔

◆県民、読者と刻む沖縄戦

・小那覇安剛

◇デザイン・図案・地図制作

・相《あい》　弓子《ゆみこ》　・仲本《なかもと》文子《あやこ》　・濱川《はまがわ》由起子《ゆきこ》　・上原《うえはら》明子《あきこ》

○写真撮影

・又吉《またよし》康秀《やすひで》　・新里《しんざと》圭蔵《けいぞう》　・ジャン松元《まつもと》　・喜瀬《きせ》守昭《もりあき》　・大城《おおしろ》直也《なおや》

□デスク

・島袋《しまぶくろ》貞治《さだはる》　・桑原《くわばら》晶子《あきこ》　・平安《ひらやす》太一《たいち》　・知花《ちばな》亜美《あみ》

沖縄戦75年　2020年6月23日、沖縄

6月23日朝、沖縄県糸満市摩文仁《まぶに》やその周辺は激しい雨が降った。沖縄戦から75年となる2020年の慰霊の日だ。例年、肌を刺すような日差しが降り注ぐ日になることが多いが、この日は前年に続いて雨だった。摩文仁の県平和祈念公園に、沖縄戦で亡くなった人々など24万人余の名が刻銘された平和の礎《いしじ》がある。扇形に広がる刻銘板の端から徒歩1分もかからない距離にある広場で毎年、沖縄県と県議会が主催する沖縄全戦没者追悼式が正午の黙とうと共に開催される。テレビでも全国に生中継される場所だ。太陽が時折顔をのぞかせる中、人々が集まり始めた。刻銘された犠牲者を弔おうと、お供え物の食べ物や花を手にしている。その人数は例年よりも明らかに少なかった。

2020年、新型コロナウイルスが世界的に流行し、感染拡大を防止するため、あらゆる催事が中止や延期となった。戦争の犠牲者を弔う沖縄県内各地の追悼式も例外とはならず、同様に中止や規模縮小に追い込まれた。沖縄全戦没者追悼式も規模が縮小された。

時の流れとともに、やがて沖縄戦を体験した人々はいなくなる。その日に向けて戦争を知らない私たち

は何をするべきだろうか。戦争は命や人の尊厳、生活を理不尽に奪った。戦世《いくさゆー》を生き抜いた人々の願いは「あの日の悲劇を繰り返さない」。体験継承や誓いの場でもあった追悼式・慰霊祭が中止や規模縮小になったことに対して、最もじくじたる思いを抱いたのは体験者だろう。しかし、「大切なことは健康と命」と異口同音に語り、コロナ禍をめぐる状況に理解を示した。その言葉が持つ意味はとても重い。

沖縄全戦没者追悼式を巡っては、沖縄県の歴史認識が問われる事態になった。式典の規模縮小に伴い、玉城デニー知事は5月15日、式の会場について従来の広場から変更を決めた。変更場所は摩文仁の丘にある国立戦没者墓苑。広場から徒歩10分ほどの距離にあり、一帯には各府県や団体の慰霊塔も設置され、これらの碑文には「英霊」などと賛美する文言が目立つ。摩文仁の丘には１９６０年代から各府県慰霊塔の設置が相次ぎ、現在は32府県の慰霊塔がある。１９６２年11月に開かれた沖縄戦終結17周年戦没者慰霊祭に向けて、日本政府の資金援助の下、摩文仁の丘の参道が整備され、日本軍関係者を顕彰する「黎明《れいめい》の塔」や「山雨《さんう》の塔」などが建てられた。県外府県の沖縄戦死者を弔う慰霊塔の設置も次々と進んだ。

国立戦没者墓苑の完成は１９７９年。戦後に収集された遺骨を納める。沖縄戦では日本側だけで18万8千人余が亡くなったが、戦後半年から1年間、遺体は放置されていた。米軍の民間人収容所から故郷に戻った県民は、沖縄本島南部を中心に遺骨を拾い集め、集落の近くに納骨所や慰霊塔を造った。

１９５６年、日本政府は沖縄を統治していた米国と交渉し、費用を出して大規模な遺骨収集と「総合納骨堂」建設を琉球政府に委託した。１９５７年には那覇市識名《しきな》に戦没者中央納骨所が完成した。日本政府、琉球政府、沖縄遺族連合会が中心となり遺骨収集を進めた。その後、本土の遺族会から「納骨所が粗末だ」などの声を受け、各集落の納骨所の整理統合を決めた。

琉球政府が中央納骨所へ遺骨を移す「転骨」作業に当たり、糸満市米須にある約3万5千体分の遺骨を納めた「魂魄《こんぱく》の塔」などから転骨した。ただ、地域の納骨所には集落出身者の遺骨が納められていることや、後述するような沖縄戦における日本軍の対応などから、国の中央納骨所への転骨を拒んだりした事例もあった。中央納骨所が狭くなったことを受け、現在の国立沖縄戦没者墓苑が建てられた。


沖縄全戦没者追悼式の会場を国立戦没者墓苑に変更した県の動きに対し、敏感に反応したのが沖縄戦を研究する有識者らだった。凄惨極まる戦場で軍民が混在したことは、沖縄戦の特徴の一つ。米軍からの攻撃だけでなく、住民は追い詰められた日本軍の兵士によって自然壕（ガマ）から追い出されたり、食料を奪われたり、スパイ視された末に命を奪われたりした。住民にとって日本軍は加害者だった。沖縄戦研究者の有志でつくる「沖縄全戦没者追悼式のあり方を考える県民の会」は5月29日に記者会見し、これまでの住民視点の追悼式が加害者である国の思想に引きつけられると危機感をあらわにし、従来通り平和の礎近くの式典広場で執り行うことを求めた。

会に名を連ね、沖縄戦に詳しい石原昌家沖縄国際大学名誉教授は琉球新報の取材に「県民だけでなく、全ての戦没者の氏名を刻んだ平和の礎を背景に二度と戦争を起こさない誓いと、国際平和への願いを発信する大きな意味がある」と強調した。国立戦没者墓苑への会場変更に対しては、国が戦争被害住民に援護法を適用する際に「戦闘参加者」として準軍属扱いしたと指摘した上で「天皇や国のために『殉国死した』という遺族を絡め取る国のやり方を県が追認することになるのでは」と懸念した。

沖縄戦の実相が歪められようとした事態は過去にもあった。１９９９年、沖縄県平和祈念資料館におけるガマを再現する展示内容を巡り、行政担当者が住民に銃を向ける日本兵の当初案から、銃を取り払う案に変更するよう指示したことが明るみに出た。展示内容を決める監修委員には無断で変えようとしたのである。国に忖度《そんたく》し、日本兵の残虐性を薄めようとした県行政の暴走といえ、反発を招いた。

玉城デニー知事は5月29日の記者会見で、新規感染者数の鈍化などを理由に例年通り、平和祈念公園の広場に戻す方針を示した。６月１日、要請書を手渡した会のメンバーらに対しては「新型コロナウイルスの対策を第一に考えた。どこで祈っても心は通じるから場所にはこだわっていなかった。勉強不足だった点はある。皆さんの言っていることは胸に納める」と説明したという。追悼の場に対する認識や考え方について県庁内部で定まっていないことが露見した。戦後75年を迎え、沖縄県が目指す平和行政の内実、戦争による死との向き合い方について問われた事態だった。

新型コロナウイルスの感染防止のため、休校が長期化し、学校における平和教育の時間も減った。例年、沖縄県内の学校では「慰霊の日」に向けて沖縄戦について学ぶが、戦後75年となる２０２０年はその時間の確保さえ難しかった。沖縄観光コンベンションビューローによると、２０２０年度に沖縄への修学旅行を計画していた県外の２３１８校のうち、45・２％の１０４８校が取りやめた（9月14日現在）。人数では当初41万６０５０人が来県する予定から、16万９１８５人減の24万６８６５人に落ち込んだ。次世代にどうつないでいくのか、沖縄戦の記憶と教訓の継承のあり方は岐路に立っている。

「人が人でなくなる」と形容されるほど沖縄戦を生き抜いた後も、大切な家族や友を救えず自責の念に今も苦しむ人々がいる。追い詰められて「集団自決」（集団強制死）をはかった住民たちもいた。「もう忘れてください。私のことは」。戦後75年の慰霊の日を前に、過去の取材で知り合った体験者にあらためて取材を申し入れると、そう告げられた。別の体験者は15歳で沖縄戦を体験し、家族も知らない秘密を語ったが、記事にすることは応じなかった。連絡を取ると、入院しているという。

沖縄戦に動員された県立第二高等女学校の元女子学徒らでつくる白梅同窓会の会長、中山きくさんは、22人の白梅の仲間を亡くし、女子学徒隊としての自らの体験を戦後50年になるまで語れなかった。91歳となる2020年6月、琉球新報の座談会で「彼女たちのことがどうしても思い出されましてね。自分だけ生き残って良かったのかしら、などと考えた。もうそろそろ私たちも語れなくなる時は近い。体験者がいなくなったら戦争体験も、それから慰霊祭もやらなくていいのかと言われると、それは絶対に違う」と思いを語った。

10歳で沖縄戦を体験した高山朝光さんも座談会で、県知事公室長として設置に関わった平和の礎への思いと県の平和行政のあり方について触れ、「沖縄戦では沖縄の人たちがいろんな形で犠牲になった。日本軍は『友軍』と言っていたが、スパイ容疑で沖縄の人を殺したり壕を追い出したりして、いつのまにか敵になった。それだけに日本政府への反発とかが県民の心の中にあり、簡単には消えない。国というものに対して複雑な思いがある。そういうことがあった原点をしっかり押さえ、平和行政の推進に当たっては、県民の思いにいつも配慮していくことが非常に大事だ」と要望した。

本書は2020年8月1日に発行された『沖縄戦75年　戦禍を生き延びてきた人々』の続編となる。同じく琉球新報に掲載された沖縄戦75年企画を収録した。

全戦没者追悼式の会場変更問題などを取り上げた連載「『戦争死』と向き合う　沖縄戦75年追悼の内実」や、中山さんや高山さん、若者らによる座談会、そのほかの関連記事などがある。さらに2019年10月31日に起きた首里城の焼失を受け、その後に再び注目されている首里城下の第32軍司令部壕の保存を巡る動きや証言などを伝えた連載「戦火の首里城　地下に眠る32軍壕」、記者が各地の戦争遺跡を歩く連載「記者が歩く戦場の爪痕」、前書から続いて読者から寄せられた沖縄戦体験記「読者と刻む沖縄戦」などで構成した。

コロナ禍に伴い、私権制限を可能とする緊急事態宣言も法整備された。戦前と同じような全体主義につながらないか。戦争体験を語り、学び、つなぐ意味は「悲劇を繰り返さない」という誓いである。「戦後」であり続けるためにも、沖縄戦の実相に民の視点で向き合うことを忘れてはならない。戦後80年、100年に向け、語ることのできない思いに向き合うことも求められてくる。私たちは平和の礎に刻まれた24万人余の沈黙に耳を澄ませ、想像力を働かせていこう。

2020年10月

琉球新報社編集局社会部長　**島袋　貞治**

［編注］本書に登場する人物の年齢、肩書きなどは原則として新聞紙面掲載時のものである。

I

「戦争死」に向き合う

——沖縄戦75年追悼の内実

沖縄戦
75
年

沖縄戦から75年。新型コロナウイルスの感染防止を理由に、沖縄県は2020年6月23日の沖縄全戦没者追悼式の会場を国立沖縄戦没者墓苑に変更する方針だったが、のちに元の沖縄平和祈念公園の広場に戻す考えを示した。

有識者らは国の加害者としての立場に触れ、国立墓苑での追悼式は戦争による死の美化につながると指摘、沖縄県の平和創造の理念や遺族の感情に沿わないとして、沖縄県の対応を疑問視した。

沖縄戦における「戦争死」、追悼の内実を考える。

住民虐殺

日本兵に壕追われ、暗闇の中逃げる

金城　トミ子さん（88歳）

1945年6月、現在の糸満市真栄平《まえひら》。当時13歳の金城トミ子さん（88歳）＝糸満市＝は暗闇の中、母の玉城ウシさん、姉、おい、めいの9人で自宅に設けた小さな壕に身を隠していた。

「出ろ」――日本兵が壕の外から命じた。

「ここは女と子どもだけ。行くところもありません」と母が答えた。すると日本兵は壕の入り口を覆っていた畳をめくり、手りゅう弾を投げ入れた。手りゅう弾は入り口近くの水がめに当たり、爆発した。母はとっさにかごを盾にしたが、左薬指が吹き飛んだ。水がめの破片がおいの額に飛んだ。

「どうせ殺されるのだから、舌をかんで死のう」。姉の言葉に金城さんも舌を必死にかんだ。住民を追い詰めたのは日本兵だった。

45年5月下旬、第32軍は8割の兵力を失っていた。しかし、「最後の一兵まで」戦うと決め、摩文仁に

日本兵に家族を殺され、自らも殺されそうになる中、戦場を逃げ惑った恐怖の体験を語る金城トミ子さん＝糸満市

撤退した。本土決戦の準備が整うまでの時間稼ぎだった。南部は軍隊と十数万人の避難民、住民が雑居状態になった。

６月19日以降、真栄平一帯には敗残兵が多数逃げ込んだ。兵力で圧倒する米軍に包囲される状況の中、日本兵は守るべきはずの住民を壕から追い出したり、住民の食糧を強奪したりした。スパイの疑いを掛け、投降しようとした住民を殺害したこともあった。日本兵が金城さんらに手りゅう弾を投げ付けたのも、その時期だ。

＊斬られた子の腹から腸が…

夜、日本兵らは最初、隣家の敷地に押し入り、住民に壕から出るよう指示した。隣家の女性は「フイ、フイ（はいはい何ですか）」と答えた後、日本兵に刀で首をはねられたという。

金城さんの姉は隣家の壕にいたが、助けを求めて実家の壕に逃げてきた。追い掛けてきた日本兵が手りゅう弾２発を投げた。１発目は水がめに当たって爆発した。２発目は入り口に積まれていた荷物が防いだ。

隣家の子ども３人が斬られ、苦しんでいた。腹から腸が出ていた。いとこも足を斬られて倒れていたが、助けられなかった。金城さんの家族は暗闇の中、必死に逃げた。

戦争美化の肯定に危機感

「最後のころはもう、敵は日本兵でした」。75年前を振り返り、金城トミ子さんはうつむいた。

1945年5月末、米軍の進攻に伴い、日本軍は南部に撤退した。金城さんは地域住民と共に現在の糸満市真栄平にあるアバタガマに隠れていたが、日本兵に追い出された。逃げ込んだ先の墓からも追い出された後、自宅庭に掘った壕に身を隠していた。そこでも日本兵が手りゅう弾を投げ付け、追い出した。至るところに住民や日本兵の膨れた遺体があった。銃弾と砲弾が頭上を飛び交う中、はだしで逃げ回り、別の壕に着いた。投降を呼び掛ける声が聞こえてきたが、壕の出入り口に日本兵が短刀を持って座り、すぐに出られなかった。米軍の砲撃が始まり、ガス弾が放たれた。やがて米軍に捕らわれ、現在の名護市大浦の収容所に移された。

後に父親は自宅近くで日本兵に首を斬られ、殺されたと聞いた。日本兵に手りゅう弾を投げ付けられた時のけがが原因で、おいは大浦の収容所で亡くなった。

戦後、真栄平に戻った住民が遺骨を集めた。数千体に上り、このうち600体が真栄平住民だったという。一家全滅は47世帯で、全世帯の18・4％に上った。住民は「南北の塔」を建てた。

真栄平住民が建立した南北の塔

＊敵は日本兵だった

「軍隊は住民を守らない」。沖縄戦で県民に刻まれた教訓だ。国は住民を死に追いやったが、その史実を揺さぶる出来事が過去に起きている。１９８２年、高校の日本史教科書検定で、日本軍による住民虐殺の記述が削除された。１９９９年、沖縄県平和祈念資料館の沖縄戦を再現する模型図案で、幼児の口封じを命じる日本兵から銃を取り除き残虐性を薄めるような変更案が練られた。体験者は戦争の実相が伝わらないと危惧《きぐ》した。

２０２０年5月15日、玉城デニー知事は沖縄全戦没者追悼式の規模を縮小し、会場を平和の礎《いしじ》近くから国立沖縄戦没者墓苑で開催する方針を発表した。のちに方針を翻すが、県内の有識者は「殉国死」の肯定に結び付くと懸念し、国立墓苑での追悼式を撤回するよう要請した。

沖縄県に再考を求めた「沖縄全戦没者追悼式のあり方を考える県民の会」の共同代表の一人、むぬかちゃー（ライター）の知念ウシさんは、「沖縄県の追悼式が戦死者を顕彰し、戦争を肯定する流れに変わ

玉城デニー知事に沖縄全戦没者追悼式を平和の礎近くの式典広場で行うことなどを求める要請書を読み上げる「沖縄全戦没者追悼式のあり方を考える県民の会」の知念ウシ共同代表＝2020年6月1日、沖縄県庁（県民の会提供）

る一歩にならないか」と危機感をあらわにした。

体験者に聞き取りをしてきた沖縄大学非常勤講師の玉城福子さんは、「戦争を美化せず、ありのままに伝えるという視点が、いつでも引っ張られる可能性がある」と、史実の歪曲を懸念した。

毎年慰霊の日の前日、金城さんは日本兵に殺された親族を弔うため平和の礎を訪れている。国立戦没者墓苑に足を運んだことはほとんどなく、沖縄県の方針に疑問を抱く。「県が主催するなら、県が造った平和の礎のところでやればいいのに。おかしいね」

75年前の沖縄戦で、何の罪もない家族が殺された憤りは消えることはない。

「国が何もかもいいようにしてしまうから、住民は大変だ。戦争といえば、憎いのは日本、日本人でしたよ。沖縄、悔しいよ、本当に」

「集団自決」（強制集団死）

住民は死を望んでいなかった

大屋　初子さん（84歳）

1945年6月20日ごろ、糸満市米須《こめす》のカミントウ壕。100人以上の米須の住民がびっしりと身を寄せ合っていた。米軍が攻撃を始めた。入り口をふさぐようにしていた日本兵の自決が引き金となって、住民が次々と手りゅう弾の信管を抜いた。「バン、バン、バン」。糸満市の大屋初子さん（84歳）＝糸満市＝は「我んねー死なんどー、死なんどーっ」。死にたくないと泣き叫んだ。

沖縄戦における組織的戦闘の終盤で、米須一帯は日本軍の拠点の一つとなった。米軍は日本軍の陣地壕を一つひとつ破壊し、19日にはカミントウ壕に迫った。汚物の悪臭が漂う壕内で住民らは震えていた。「デテコイ、デテコイ、着物、食べ物タクサンアル」。20日ごろ、米軍が投降を呼び掛けた。静けさを挟んだ後、突然砲弾一発が撃ち込まれた。出入り口付近の日本兵2人が自決した。「『捕虜』になるくらいなら死んだ方がましだ」。住民らも次々に自らや家族を手に掛けた。

防衛隊員の父は手りゅう弾を持っていた。祖母らは「早くやって」と父をせかした。日本軍から「米軍に捕まれば男は八つ裂きにされ、女は強姦《ごうかん》されて殺される」と聞かされていた。初子さんは「死にたくない」と泣き叫んだ。

踏みとどまった父は初子さんを抱え、祖母や妹と共に遺体を踏み越えて壕の外に出た。その後、米軍に保護された。カミントウ壕では集落の住民58人が亡くなった。初子さんの叫びが生死を分けた。

＊「国は殉国死と賛美」と識者は指摘

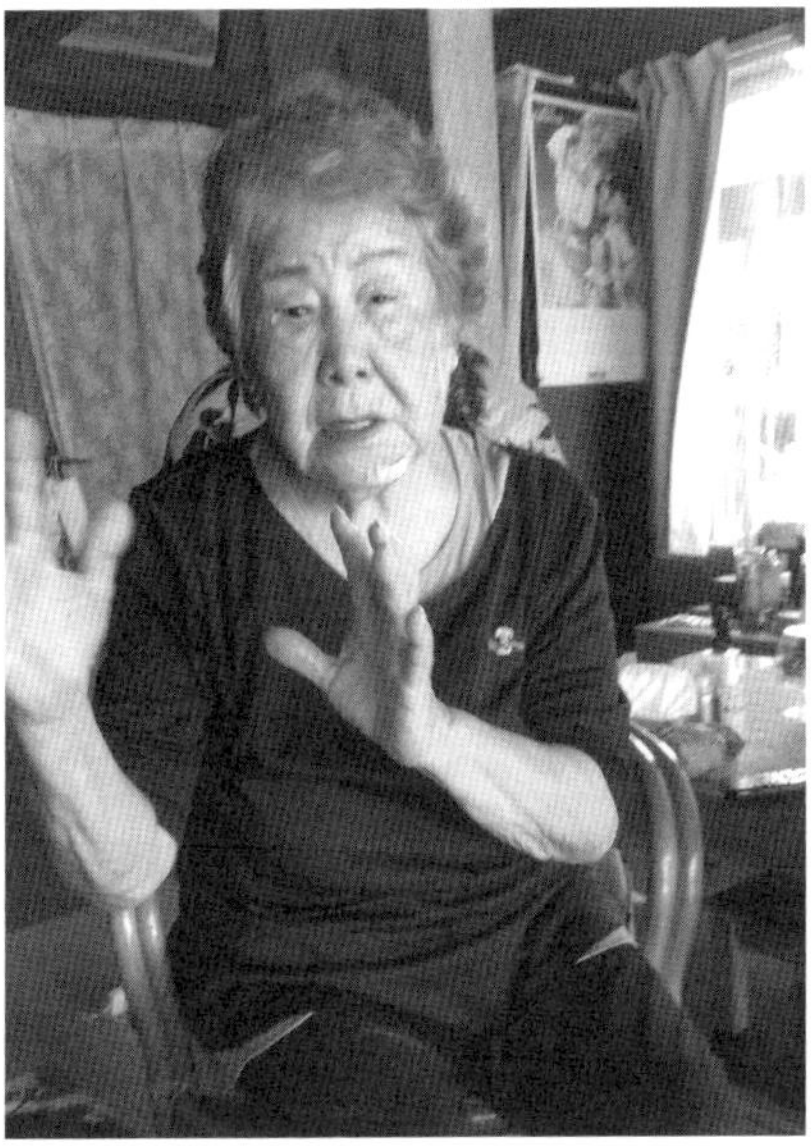

75年前、糸満市米須のカミントウ壕で起きた「集団自決」（強制集団死）について語る大屋初子さん＝糸満市

75年前、皇民化教育の下、日本軍は投降を絶対に許さなかった。陣地構築作業などに住民を動員した半面、軍事機密が知られることを恐れた。「軍機を語るな　沖縄縣」の標語が県内に掲げられた。戦場で追い詰められた住民は命令や強制、誘導によって殺し合った。石原昌家沖縄国際大学名誉教授（平和学）は「軍官民共生共死の指導方針のもと、沖縄戦で住民は死を強制された。日本軍に『死に追い込まれた』、いわば『日本軍に殺された』のも同然だ」と指摘した。

「強制された死」という「集団自決」（強制集団死）の実相は戦後75年の間で揺さぶられ、ねじ曲げられた。文部科学省の2006年度教科書検定で、高校の日本史

東京都千代田区にある靖国神社。国は「集団自決」で亡くなった住民を積極的に戦闘協力した「戦闘参加者」としての身分を与え、靖国神社は合祀する

教科書における「集団自決」に関する記述から、日本軍の「強制・関与」の記述が削除された。

戦後、政府は「戦傷病者戦没者遺族等援護法」の適用に当たって、住民の「集団自決」を軍事行動、命を落とした住民を「戦闘参加者」と位置付け、軍人同様に合祀《ごうし》者名簿を靖国神社に送った。石原氏はその経緯を説明した上で、「『強制死』を国に命をささげた『殉国死』に書き換え、たたえることだ」と指摘した。石原氏は背景に愛国心を国民に刷り込み、戦争をする国にする意図があるとみる。

カミントウ壕での「集団自活」を生き延びた大屋さんは、住民は死を望んではいなかったと言い切り、さみしげな表情を見せた。

「罪もない人たちを巻き添えにするのが戦争だ。命はお金に換えられない。戦争がなければ、同級生もいっぱいいいたはずだ。みんな亡くなった」

収集遺骨の「転骨」

〝自分たち〟で弔うと、集落で転骨に抵抗

大城　藤六さん（89歳）

沖縄県民約12万人と日米の兵士約8万人が亡くなった沖縄戦から1年後、糸満市真栄平には、遺骨が歩き慣れた道や溝などあちこちに放置されていた。高校1年生だった大城藤六さん（89歳）も地域住民と共に遺骨を集めた。「戦後の仕事始めは遺骨収集だった」。集落近くのアバタガマに納め、慰霊塔を建立した。同様に県内各地で造られた納骨所は1955年までに188カ所に上った。

56年、日本政府は沖縄を統治していた米国と交渉し、費用を出して、大規模な遺骨収集と「総合納骨堂」建設を琉球政府に委託した。翌57年、戦没者中央納骨所が那覇市識名《しきな》に完成した。日本政府、琉球政府、沖縄遺族連合会が中心となって遺骨収集を進めた。

63年には三者が協議し、県内各地の納骨所を整理統合し、識名の中央納骨所に遺骨を移す「転骨」を決めた。本土の遺族会から「遺骨が依然、野ざらしのままだ」「（沖縄県内の）納骨所が粗末」と批判があった。日本政府の意向で転骨は進められたが、拒み続けた集落もあった。真栄平もその一つ。当時の区長らは

「（真栄平の行方不明者は）みんなここに入っている。身内のお墓から出したらいけない」と拒んだ。大城さんによると、琉球政府は「靖国神社を見なさい。死んだのは沖縄だけじゃない。勝手なことするな」と迫り、区長を幾度も叱責《しっせき》した。

＊死後も国の支配

２０２０年の慰霊の日の沖縄全戦没者追悼式を巡って、沖縄県は新型コロナウイルスの感染防止のため式典の規模を縮小するのに伴い、会場を一時、国立沖縄戦没者墓苑に変更すると決めた。大城さんは「県が決めた場所に行く」としつつ、「国に虐げられて死んだ人たちは納得するだろうか」とも話す。

真栄平では、集落で立てた南北の塔でも毎年慰霊祭を行い、集落で亡くなった人たちを追悼している。「大切なのは自分たちの集落で弔うということだ。生き抜いた僕ら体験者の本音でもある」

国立墓苑への会場変更の波紋は、先の戦争に対する認識を問う事態になった。遺骨収集ボランティアの具志堅隆松さんは、身元不明の遺骨のＤＮＡ鑑定を国に求め、家族の元に返す活動を続けている。今回の変更について、沖縄戦で亡くなった人たちが死後も国の支配下に置かれることの肯定につながるとみる。「国は自らを正当化するため、死者を利用していないか」と指摘した。

沖縄戦直後の地域住民による遺骨収集について語る大城藤六さん＝糸満市真栄平

南部一帯から収集した遺骨の収骨式＝那覇市識名の戦没者中央納骨所（1977 年 12 月 24 日）

＊国立墓苑へ各地から遺骨

「（複雑な思いは）ないとは言えないが、遺骨を国立墓苑に納めるのは行政として当然だ」。かつて沖縄県援護課の霊域管理係だった新垣幸子さん（75歳）が振り返った。１９７２年から遺骨収集を担当し、現場に駆け付けたこともあった。「袋に納めた遺骨のからからと鳴った、その音が耳から離れない」

１９７４年12月、３万５千体を納めた「魂魄《こんぱく》の塔」から約１カ月で２６４袋に詰めて焼骨し、中央納骨所に移した。やがて中央納骨所が狭くなり、１９７９年に国立沖縄戦没者墓苑が造られた。新垣さんは強調した。「衛生や管理の問題があった。人道上、遺骨の扱いをどうするかだ」

戦争で命を奪われた人々をたたえる靖国神社とは関係ないと言い切った上で、問い掛けた。

「戦争では右向け右の教育だった。日本全体が同じ流れの中、抵抗してもつぶされた。そうならないよう平和な世の中をつくるため、人としてどうあるべきかだ」

「平和の礎」の理念

追悼式を慰霊から平和発信へ

高山 朝光さん（85歳）

1962年11月25日、琉球大学体育館（現首里城跡）で行われた南方同胞援護会、日本遺族会、沖縄遺族連合会主催の「戦没者17回忌慰霊祭」。会場を埋め尽くした約3千人の参列者全員が起立し、「君が代」を斉唱した。正面には天皇皇后から贈られた菊とユリの大きな花輪。むせび泣く声が響いた。

日本復帰前、全琉戦没者追悼式は「慰霊」色が強かったが、1977年の三十三回忌を前に県内で追悼式の存続や在り方が議論された。

平良幸市知事（当時）はこの年、名称を「沖縄全戦没者追悼式並びに平和祈念式」として初めて「平和宣言」を行い、「沖縄が世界平和の中心となる」と発信した。

慰霊から平和発信へ――。沖縄戦から50年となる1995年、沖縄県は普遍的な平和希求の思想の具現化に取り組み、糸満市摩文仁《まぶに》に「平和の礎」を建立した。国籍や敵味方、軍人・軍属や民間人に関係なく、あの戦争で命を落とした23万人余の名前を一人の人間として刻銘板に刻んだ。1992年に平和の礎建立の責任者を務めた元知事公室長の高山朝光さん（85歳）は、「戦争を美化せず、非戦の誓いと平和をつくり出す決意だった」と振り返る。

高山さんは沖縄戦当時10歳。本部半島の八重岳近くの防空壕に避難していた。母と叔母は「どうせ死ぬなら」と子ども5人を連れ、八重岳を撤退する日本軍の「宇土《うど》部隊」の後に付いていった。日本兵は刀を抜き、殺すと怒鳴ったが、離れて後を追った。

羽地《はねじ》村（現名護市）多野岳に着いた宇土部隊は米軍の攻撃で組織力を失い、火炎放射器で焼かれた山は煙が立ちこめていた。溝には10人ほどの住民の遺体が転がり、首のない遺体は膨れあがっていた。子どもながらに手を合わせ通り過ぎた。

自身の沖縄戦の体験と平和の礎建立の経緯を話す高山朝光さん＝那覇市内

＊「礎」建立で不戦を誓う

「忌まわしい戦争で無残に命を落とした人たちの魂をここにとどめる」。高山さんは一人ひとりの思いを礎に刻む覚悟で取り組んだ。刻む名前は遺族の年金申請を受け付ける厚生省（当時）の名簿を使う案もあったが、県の刻銘検討委員会の石原昌家座長（現沖縄国際大学名誉教授）の助言で、県独自で全戸調査を行った。

国の名簿から漏れている「一家全滅」の人の名前

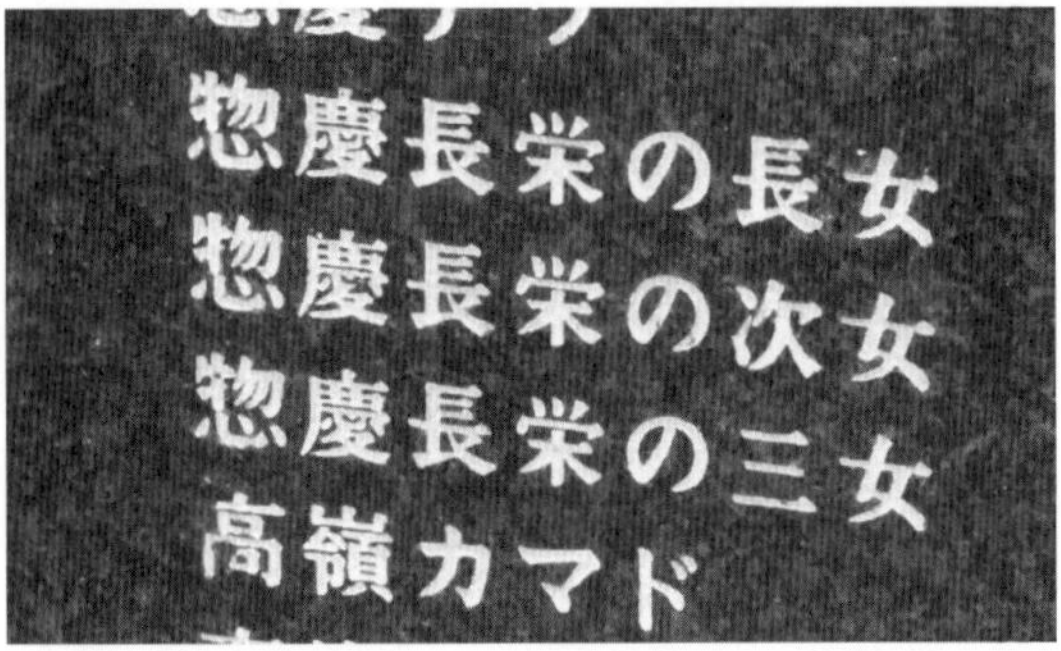

平和の礎には名前が分からない戦没者を「○○の長女」などの書き方で刻銘している＝糸満市摩文仁の平和祈念公園

こそ刻むべきだとの思いがあった。

調査には約5千人のボランティアが協力し、名前を集めた。戦時の混乱で名前がまだついてなかった赤ちゃんも、「○○の子」と刻んだ。

1995年6月23日の「慰霊の日」、平和の礎の除幕式は米国、韓国、北朝鮮、台湾の代表も出席して執り行われた。現在、高山さんは海外の学生を案内する機会も多いが、敵味方なく記銘していることに感銘し、涙を流す学生もいるという。

玉城デニー知事が一時、2020年の沖縄全戦没者追悼式の場所を、平和の礎近くから国立沖縄戦没者墓苑に変更するとしたことについて、高山さんは「深く考えなかったのだろう」としつつ、こう続けた。

「大事なのは誰でも共通して受け入れられる場所を選ぶことだ。沖縄県民自らが心を一つにしてつくった平和の礎のそばが、皆の思いが一致する場所だと思う」

援護法（戦傷病者戦没者遺族等援護法）

石原　絹子さん（83歳）

妹たちの生きた証しを残したい

沖縄戦の全戦没者の名前を刻銘する「平和の礎」が建設された1995年、石原絹子さん（83歳）＝那覇市首里真和志《まわし》町＝は沖縄県援護課に遺族として名乗り出た。沖縄戦で命を奪われた2人の妹が生きた証しを残したい。ただ、それだけだった。沖縄戦の混乱の中、妹たちの戸籍はなかった。そのことを説明すると、担当者が返した。「援護法があるから簡単には戸籍を変更できない。裁判でも起こすしかない」。石原さんは言葉を失った。

1945年の沖縄戦当時、石原さんは7歳だった。妹の次子さんは3歳、富士子さんは1歳で、母と9歳の兄と共に玉城《たまぐすく》村（現南城市）の自宅から戦火を逃れた。45年6月、米軍の艦砲射撃、銃撃の雨の中を避難し、現在の糸満市内の防空壕に身を潜めた。

雨が降りしきる日の夕方、壕に数人の日本兵がやってきた。「壕から出るか、子どもたちを殺すか」と、母に銃口を突き付けて迫った。

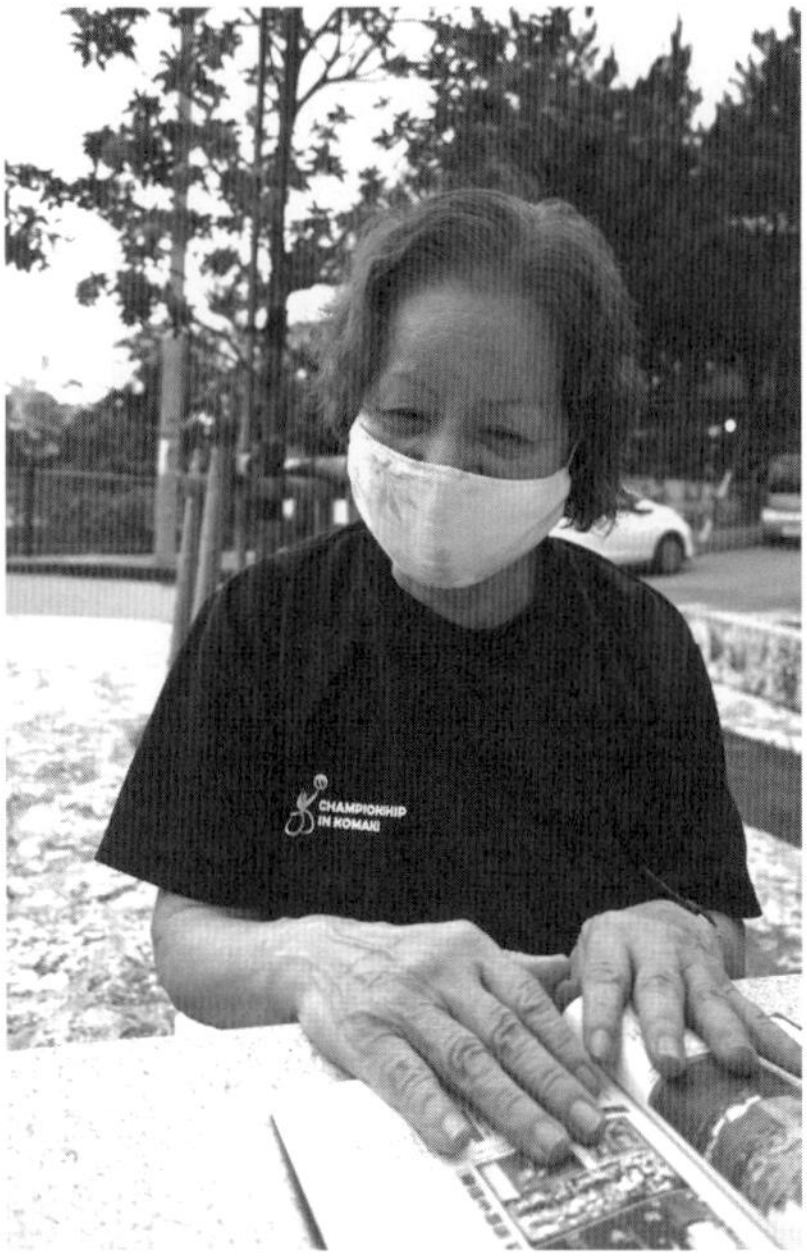

沖縄戦で亡くなった妹たちの記憶をたぐる石原絹子さん＝那覇市

壕を追い出された後、摩文仁の丘で母と兄が砲弾によって殺された。富士子さんは石原さんに背負われていたが、気付くと息をしていなかった。負傷して衰弱した次子さんも息絶えた。防衛隊に召集された父も亡くなっていた。

戦災孤児となった石原さんは戦後、祖母に引き取られた。戦後間もなくして戸籍の調査があり、妹たちの「生きた証し」がないと気付いた。

「両親と兄、私の氏名はあったが、2人の出生記録はなかった。戦争のショックは依然強く、当時は修正する気力はなかった。それがずっと心残りだった」

＊戸籍修正を国は認めず

妹の戸籍を編入するため、実家があった玉城村役場（現在の南城市役所）に連絡した。しかし、応対した職員から「戸籍に載せるには、家庭裁判所で裁判を受ける必要がある」と告げられた。裁判にかかる費用が「1人当たり100万円に上る」とも言われた。

障壁となったのは、1952年に制定された「戦傷病者戦没者遺族等援護法」だ。軍人、軍属やその遺族への「援護年金」の支給を目的とし、戦後補償の根幹となる制度だ。

琉球新報の取材に、沖縄県保護・援護課は「過去の事例では援護法適用の対象とする根拠を示すためには、戸籍が必要となる。（年金受給の不正防止などのため）戸籍の修正が難航するケースも少なくなかった」とした。

石原さんに応対した職員は援護法を所管する部署に所属しており、援護法にまつわる事情を勘案しての発言だったとみられる。

援護法を巡っては、法律の仕組みも識者などから問題視されている。沖縄戦で被害を受けた一般住民の中で援護法の適用対象となるのは「戦闘参加者」とその家族に限定している。

「戦争参加者」の用件は「弾薬・食糧・患者等の輸送」「陣地構築」「炊事・救護等雑役」「食糧供出」など20類型で、この中に「集団自決」（強制集団死）や「スパイ嫌疑による斬殺」も含まれている。

このことから住民の多くが命を落とした「沖縄戦の実相に即していない」（石原昌家沖縄国際大学名誉教授）との批判がある。日本政府は援護法適用の手続きの中で、石原絹子さんも経験した日本兵による「壕追い出し」を「壕提供」に、日本兵のための水くみ炊事を「積極的に協力した」という論理にすり替えた。

当時の経済的事情や負担を考慮し、石原さんは妹たちの戸籍編入を断念した。

一方、平和の礎への刻銘は実現した。石原さんの中には、今もわだかまりが残っている。

「援護法は沖縄戦の本質をねじ曲げている。生き残った者にまでつらさを強いる。そんな法律って、なんなんだ」

平和ガイド

皇民化教育の反省継ぐ

森根　昇さん（79歳）、照屋　盛行さん（80歳）

沖縄戦で米軍が本島に上陸した2日後の1945年4月3日、与那城村（現在のうるま市）薮地《やぶち》島の「ジャネーガマ」を米兵が取り囲んだ。

住民らが身を隠し、自警団の役割を担った住民の中には機関銃を手に立ち向かおうとする者もいた。長老らが止めた。「降参すれば大丈夫だ」。住民らは次々と投降して無血に終わり、当時4歳の森根昇さん（79歳）＝うるま市＝も米軍に捕らわれた。

その翌日。ジャネーガマから約7キロ離れた具志川村（現うるま市）の具志川グスクでは、米軍に追い詰められた若者23人が、軍歌「海ゆかば」を歌っていた。若者らは円陣二つを作り、日本軍から渡された手りゅう弾を爆発させ、13人が絶命した。若者の中には学生もいた。日本軍の軍事作業にも従事させられた男女だったという。

何が生死を分けたのか――。

森根さんは中学校教員になり、沖縄戦を伝える立場となった。戦前の皇民化教育が若者を「戦争死」に追いやったと考えた。退職後の2002年から平和ガイドを始めた。現在は沖縄市平和ガイドネットワークの代表世話人を務める。

＊戦争美化には史実で対抗

糸満市摩文仁の平和の礎で中学生らを案内する際、決まった刻銘板の前で詳細を説明している。「谷川昇」。組織的戦闘の終結後の1945年8月20日、久米島で日本兵は「谷川昇」の名の朝鮮出身者をスパイと疑い、乳児を含む家族計7人を虐殺した。久米島では幼児が殺された別の事件もあり、軍隊の残虐性が際立った。45年6月の摩文仁では、日本兵が米軍に保護されようとした住民を殺害した事件もあり、その目撃者と共に伝えている。

皇民化教育の反省を次代に伝えることの重要さについて語る沖縄市平和ガイドネットワークの森根昇共同代表＝うるま市の自宅

森根さんが強調した。「平和の礎には戦争の反省と非戦の誓いがあり、そのそばで追悼するから意味がある。『皆さんの犠牲のおかげで今の日本がある』という美談ではない」

沖縄市平和ガイドネットワークの照屋盛行さん（80歳）＝沖縄市＝は、米軍上陸前の45年3月、自宅があった当時の北谷《ちゃたん》村から羽地

教訓と史実を継承することの重要性を強調する沖縄市平和ガイドネットワーク顧問の照屋盛行さん＝沖縄市の自宅

村（現名護市）に家族と逃げた。幸いにも全員が無事だったが、家族を失い、苦しみ続ける人々を目の当たりにしてきた。照屋さんも戦後、教員になった。

文部科学省は２００６年度の教科書検定で日本軍による「集団自決」（強制集団死）の強制や関与の記述を削除した。沖縄県は２０１２年、「証言が分かれている」などの理由で首里城公園に設置した日本軍第32軍司令部壕の説明板から「慰安婦」「住民虐殺」の文言を削除した。「なかったことにはできない」。照屋さんは他の団体と共に政府や沖縄県に、いずれの件も抗議した。

沖縄市平和ガイドネットワークは、沖縄市内の初任教員を対象に平和ガイドを続けている。その対象は２０１９年夏、中城村の全教員にも広がった。全教員を対象とした平和研修は、中城村が沖縄県内で初めてだ。

村の教員らは久米島での虐殺事件などを学び、「こんなことが起きたのか」と衝撃を受けた様子だったという。北谷町も２０２０年夏から全教員を対象にした平和学習を予定している。

照屋さんは研修の終わりに教員らに言葉を送る。

「『見てもいないのにうそを言うな』と迫り、あの戦争を美化しようとする時代が来る。その時は史実をもって負けないでほしい」

平和教育

学校で続く試行錯誤

中村 彩花さん（17歳）、諸見里 真知さん（17歳）

「平和教育というより沖縄戦の周知になっている」。県立糸満高校3年の中村彩花さん（17歳）と諸見里真知さん（17歳）は、自身が受けてきた「平和教育」に物足りなさを感じていたという。ビデオの視聴や図書館での調べ物など、同じような授業の繰り返しに「戦国時代のような歴史を眺めている感覚だった」

沖縄県内では沖縄戦を学ぶ平和教育が学校に根付いている。教科のように教える内容は定まっておらず、学校や教師は時代に合わせて工夫を凝らし、引き継いできた。沖縄戦から何を学び、現在の社会にどう生かすのか。試行錯誤は続いている。平和教育が始まったのは１９６０年代とされる。当時は米軍基地や憲法、自衛隊配備など「復帰」に関することが主要なテーマで、沖縄戦は一部にすぎなかった。沖縄戦が中心となったのは70年代後半。80年代以降はビデオ上映や壁新聞などさまざまな形で平和教育が展開されたが、学校や教師によって取り組みに濃淡も出た。

近年は体験者や平和ガイドの語りを中心とした平和集会の手法が増えた。教師の多忙化が背景にあり、

図書館の資料を読みながら沖縄戦について語り合う糸満高校３年の中村彩花さん（左）と諸見里真知さん＝糸満市の糸満高校

その代わりを体験者や平和ガイドが務める側面もある。

＊多忙な教師、体験者減少にどう対処

２０２０年は新型コロナウイルス感染症の影響で、平和教育の縮小を余儀なくされている。糸満高校でも恒例の「平和ウオークラリー」が中止になった。糸満市は沖縄戦継承のため小中学生向けの平和ガイド育成事業に取り組み、３年の中村さんと諸見里さんはその修了生でもある。高校のウオークラリーでは戦跡を解説する動画も用意していただけに、２人は「残念だ」と肩を落とした。しかし、ガイドを通して学んだことは消えない。

中村さんは今に引きつけて平和について考える。「沖縄戦で戦った日本軍の牛島満司令官と米軍を率いたバックナー中将は、どちらも部下から慕われていた。『いい人』の２人がなぜ戦ったのか。戦争の惨劇は日常の延長にあるのかもしれない」

平和ガイド団体の沖縄平和ネットワークの北上田源事務局長は、中村さんと諸見里さんのように地域で学ぶことの重要性を指摘し、提案した。「修学旅行生向けの平和ガイドと、県内の児童生徒を教える教師の間に交流がほとんどない。お互いの良さを共有できるセンター的な組織があるといい」

戦争体験者の減少や教員の多忙化。平和教育は現実問題と変化に向き合う。

フォローアップ

沖縄全戦没者追悼式の在り方を考える県民の会が会見

国立墓苑開催は沖縄戦の教訓の後退

玉城デニー知事が沖縄全戦没者追悼式を国立墓苑で行うと発表してから約2週間後の5月29日。「沖縄全戦没者追悼式の在り方を考える県民の会」は、県庁記者クラブで緊急の記者会見を開いた。会見には、県庁記者クラブに加盟する県内外のメディアが多数参加した。記者らを前に、沖縄戦の研究者や遺骨収集ボランティアなど会のメンバーは、国立墓苑で追悼式をすることの問題点を次々に指摘した。

沖縄近現代史家の伊佐眞一さんは、国立墓苑がある摩文仁の丘に立ち並ぶ各県の慰霊塔について、「『国に殉じて滅私奉公した』と建てられたもので、軍隊の色彩が非常に強い」と指摘した。一方で、式典広場近くにある沖縄県が建立した全ての犠牲者の名前を刻んだ平和の礎は、沖縄戦から学んだ戦争の反省と平和を発信する住民の視点に立っていると強調した上で、「県の追悼式を国立墓苑でするというのは、沖縄の人たちが沖縄戦で学んだ教訓を後退させるものだ」と批判し、従来通り、式典広場で行うべきだと訴えた。

＊ナショナリズム的な追悼は時代に逆行

会見は、戦争で亡くなった人の死や、先の大戦をどうとらえるか、という点にも話が及んだ。宜野湾市の佐喜眞美術館の佐喜眞道夫館長は、「日本のように大東亜共栄圏（のための戦争）か、アジアの侵略戦争だったのか、それで意味は異なってくる。死んでいった人たちは、決して英霊ではない。残酷な死をとらえる勇気、覚悟をもたないと次の思想、認識は出てこない」と指摘した。

県外紙の記者からは、「なぜ県民は、摩文仁に軍隊を賛美するような慰霊碑の乱立を許したのか」との質問も飛んだ。佐喜眞さんは、自身が幼少期から学生時代にかけて軍国主義を受け入れていたことを告白し、答えた。

「私も戦時中は熊本に疎開していた。ご主人が沖縄で亡くなった方の家にお世話になった。遺族からすると同じ苦しみだから、共感できる。沖縄も戦後はそういう時代があった」

佐喜眞さんの考え方を変えたのは、中国や台湾の美術家たちとの交流だった。美術家たちを摩文仁の丘に案内した時、彼らの「驚き、あきれ、大変な怒り」に直面したという。

「日本軍はさんざん、こうした国や地域の人を蹂躙《じゅうりん》している。靖国神社に行くと牛島満中将（第32軍司令官）や戦艦大和の写真はあるが、沖縄県民の苦しみは書いていない。靖国に立った考え方では未来に開けないと批判的に考えるようになった」

さらにこう続けた。「相手が納得する追悼の仕方をしないといけない。今はコロナで、全人類が協力していかないといけない時。ナショナリズム的なやり方で追悼するというのは全く逆だ」

II

首里城と第32軍司令部壕

首里城周辺と第32軍司令部壕の位置図

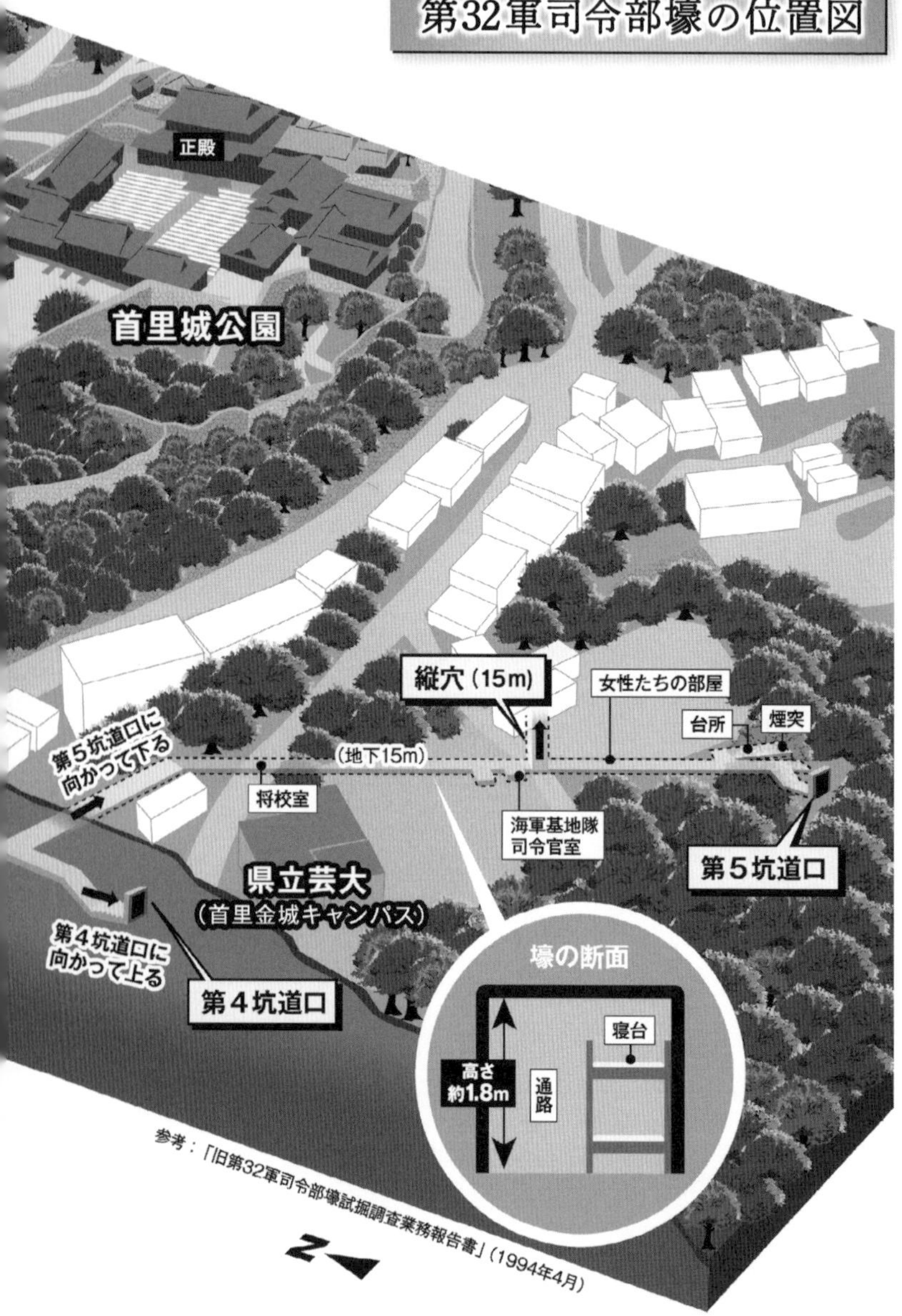

参考：「旧第32軍司令部壕試掘調査業務報告書」（1994年4月）

第32軍司令部壕の内部

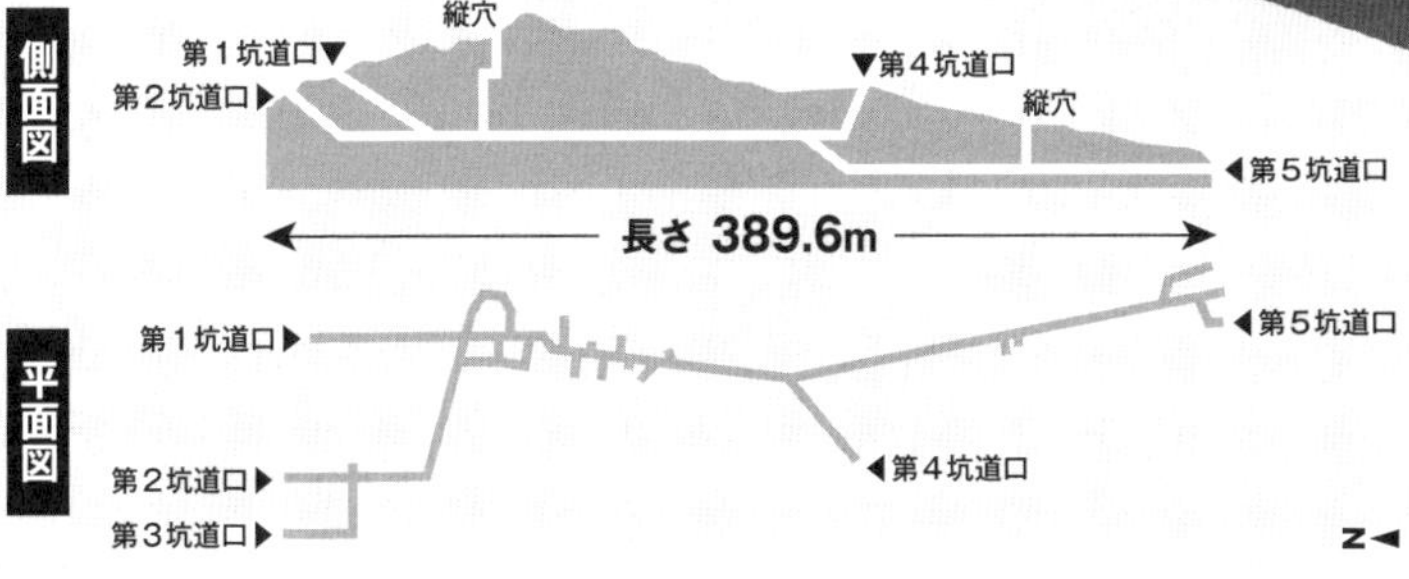

1 第32軍司令部壕——激戦招いた〝負の遺産〟

2019年10月31日、首里城が火災で焼失した。沖縄の象徴的存在が失われ、沖縄県民だけでなく、県系人ら多くの人々が嘆き、悲しんだ。その後、再建への機運が県内外で高まるなかで、地下に築かれた第32軍司令部壕に注目が集まるようになった。

司令部は米軍の本土進攻を遅らせ、本土決戦を準備する時間稼ぎと位置付けられた沖縄戦を指揮した。沖縄戦から75年が経過し、司令部壕の存在を知らない人も多いが、沖縄戦の実相を伝える存在として欠かせない。世界遺産の首里城と〝負の遺産〟である司令部壕の存在を後世に語り継ぐため、保存や公開を求める声が有識者や市民有志、沖縄戦体験者の間で高まっている。

全長1キロ、首里城地下横断
学徒動員、24時間体制で構築

日本軍の第32軍は1944年3月22日、南西諸島防衛のために創設された。

首里城地下に広がる日本軍第 32 軍司令部壕の第5坑道口＝ 2017 年3月 20 日、那覇市首里金城町

第 32 軍司令部壕の第5坑道内部。かなりの補強工事が進められているが、風化の足跡も感じさせる＝ 2015 年6月9日、那覇市

日本軍第 32 軍司令部壕の内部＝ 1945 年（沖縄県公文書館所蔵）

当初は現在の南風原《はえばる》町津嘉山《つかざん》に司令部壕を構築していた。しかし、強度に難点があることや、首里を拠点としていた第9師団が台湾に転出したことから移動を決め、12月上旬から首里城下に新たな司令部壕の構築を始めた。10代の学生も駆り出され、蒸し暑い地下で24時間体制の壕掘り作業が行われた。

司令部壕は現在の城西小学校から県立芸大首里金城キャンパス付近まで、首里城の地下を南北に横断するように掘られ、全長約1キロ、五つの坑道で結ばれていた。壕内には、牛島満司令官、長勇参謀長をはじめとした千人余りの将兵や沖縄出身の軍属・学徒、女性たちが雑居していたとされる。

作戦室や無線室など戦闘指揮に必要な施設が完備され、通路の両側には兵隊のための2段、3段ベッドが並べられていたという。日本軍の拠点として米軍の標的になり、激しい攻勢に追い込まれた軍は1945年5月22日に南部撤退を決定した。本格的な撤退を開始する際、司令部壕の主要部分と坑道口（出入り口）は爆破された。

現在開いているのは第5坑道口のみとなっている。

留魂壕―鉄血勤皇師範隊の拠点
動員された学徒２２６人戦死

「留魂《りゅうこん》壕」は、鉄血勤皇《てっけつきんのう》師範隊として戦場に動員された沖縄師範学校男子部の生徒らによって構築された。首里城東側の岩壁の下に壕の入り口がある。留魂壕は師範隊の拠点となったほか、当時の新聞「沖縄新報」も壕内で発行した。

生徒は１９４４年12月から首里城地下で始まった第32軍司令部壕の構築作業に従事した。

元学徒らの証言などによると、45年１月ごろから留魂壕を掘り始めた。三つの入り口が設けられ、内部はアルファベットのEの文字に似た坑道が造られた。

45年３月、完成した留魂壕の前で生徒は軍司令部から鉄血勤皇隊への配属を命じられた。３８６人の学徒のうち２２６人が戦死した。

現在、崩落の危険があるため、壕は閉鎖されている。沖縄県立埋蔵文化財センターの調査では、内部は複数の部屋に分かれている。一部土で埋もれた部屋もあり、より複雑な構造になっていたことが確認されている。

がれきと化した首里城の城壁。後方は首里の町＝1945年5月（沖縄県公文書館所蔵）

首里城を標的、猛攻で壊滅状態

首里城は日本軍の第32軍司令部壕が地下に構築されたことで米軍の標的となり、首里一帯は米軍の猛攻にさらされた。司令部が本島南部に撤退する1945年5月下旬までに首里城は焼失し、城壁も壊滅状態となった。

第32軍は奄美群島から先島《さきしま》諸島を作戦範囲とした。44年12月3日に司令部を首里に変更、同月中に司令部壕の構築を始めた。米軍の艦砲射撃が始まった45年3月24日、第32軍の長勇参謀長は司令部壕の坑口に「天岩戸戦闘司令所」の木札を掲げた。

米軍は4月1日、沖縄本島に上陸し、各地に攻撃範囲を広げながら、第32軍司令部のある首里に向けて南下した。5月中旬には首里防衛のための最後の外郭陣地となるシュガーローフ（那覇市、五二高地）や運玉森《うんたまむい》（西原町、与那原町）で激戦が展開された。

【右】首里城付近の円鑑池・龍潭＝1945 年6月8日（沖縄県公文書館所蔵）
【左】日本軍の狙撃兵が根城にしていた首里城下にあるキリスト教会の搭状建物に銃を向ける海兵隊員ら＝1945 年5月（沖縄県公文書館所蔵）

司令部は5月16日、大本営に「まさに戦略持久は終焉《しゅうえん》せんとす」と電報を発するなど、劣勢を認めていた。それにもかかわらず、首里で「玉砕」か、南部に「敗走」か迷った末の5月22日、司令部は撤退を決めた。南部に避難していた県民を巻き込んだ沖縄戦の悲劇を生み出した。

戦争と平和を追体験できる場
保存と公開求める声

焼失した首里城の再建に向けた計画が進む中、地下にある日本軍の第32軍司令部壕の公開を求める声が高まっている。1996年、県の第32軍司令部壕保存・公開検討委員会の委員長として公開を決めた名桜大前学長の瀬名波榮喜さん（91歳）は、「戦争と平和を追体験できる場所は他にない」と述べ、沖縄戦の実相を伝える戦争遺跡としての重要性を訴える。

琉球新報にも有識者や読者から、第32軍司令部壕の公開を求める声が相次いだ。作家で元外務省主任分析官の佐藤優氏は、火災から約半月後の11月16日付琉球新報の評論で、遺骨収集など整備の必要性を指摘した。

追体験を通して沖縄戦を伝える沖縄ピースウォーキング会の垣花豊順代表（86歳）は、投稿文で、政府の責任で司令部壕の崩落を防ぎ「平和のとりで」にするよう求めた。

瀬名波さんは市民有志と共に立ち上げた「第32軍司令部壕保存・公開を求める会」の会長に就任し、県に対し、司令部壕の公開や崩落防止策、遺骨収集などを求めている。

他国との交易で栄えた平和の象徴としての「首里城」と、県民に多大な犠牲を強いた沖縄戦を指揮した地である「司令部壕」は切っても切れない。

「沖縄戦で決戦場になった首里城と地下の司令部壕は不離一体の存在だ」と瀬名波さんは力説し、首里城の再建に合わせて、司令部壕の保存・公開を求めている。

＊識者談話／吉浜　忍さん（元沖縄国際大学教授）

南部撤退が住民を巻き込む

第32軍が編成されたのは1944年3月22日だった。航空作戦の準備が当初の目的で、15の飛行場を建設し、沖縄を「不沈空母」にした。建設には小学生を含む多くの住民が動員された。しかし、「絶対国防圏」とされたサイパン島が占領されて、大本営は沖縄に地上兵力を送り込み、「決戦」をする方針に変えた。結局、飛行場は米軍による使用を恐れて使われないまま破壊された。住民の多大な労力は一体何だったのか。

第32軍は南風原町津嘉山に司令部壕を造っていたが、10・10空襲により完成間近に中断した。44年11月に台湾に移動した第9師団が司令部を置いていた首里で、第32軍司令部壕の構築が12月から始まった。(壕構築を担う)第32軍の野戦築城隊だけでは米軍の本島上陸に間に合わないため、沖縄師範学校や県立第一中学校の生徒、首里市民を動員した。

3月には兵力を補充するため、第32軍は14歳以上の中学生を鉄血勤皇隊や通信隊として戦場に動員した。4月9日、日本軍は沖縄の方言を使えばスパイと見なすという命令を出した。実際に戦場でスパイ視されて殺された住民も少なくない。

第32軍は持久戦を展開するために「縦深《じゅうしん》陣地」といって、首里を中心に、宜野湾、浦添と幾重にも主陣地を築いた。しかし、兵力に勝る米軍が迫り、5月22日、司令部壕で重要な会議が行われた。首里で玉砕するのではなく、時間稼ぎのために南部撤退を決めたのだ。南部で約10万人の住民が戦場を1カ月間もさまようことになった。

第32軍司令部壕は〝負の遺産〟だ。壕内で決まった南部撤退によって、住民は砲弾にさらされた。さらに、日本軍による壕追い出しや食糧強奪、虐殺などによって南部一帯を地獄の戦場に変えたからだ。

司令部壕の公開を求める声が広がっている。徹底的な発掘調査など科学的調査を前提にして公開を進めてほしい。

2 戦火の首里城——地下に眠る32軍壕

２０２０年10月31日の首里城焼失は、沖縄県民に大きな衝撃を与えた。75年前の沖縄戦でも、がれきと化した首里城は戦の苛烈さ、悲しみも体現した。

今、新たに再建が進む中で、地下に眠る沖縄戦を指揮した第32軍司令部壕や、沖縄師範学校男子部の生徒が築いた留魂壕《りゅうこんごう》の保存、公開を求める声も上がる。

首里城が刻んだ戦禍の記憶を、体験者の証言などから今に伝える。

「沖縄新報」職員　許田　肇さん（96歳）

＊首里城がない

沖縄戦に突入した１９４５年４月。首里城正殿裏手にある留魂壕内で発行された新聞「沖縄新報」は米

首里城地下に掘られた留魂壕での生活を語る許田肇さん＝那覇市

軍上陸後も連日、日本軍の「戦果」を紙面で伝えていた。壕内にこもっていた同紙の新米職員、許田肇さん（96歳）＝那覇市＝が久しぶりに外に出ると、目を疑った。「首里城がない」。戦果とは異なる世界が広がっていた。

　許田さんは41年に那覇市立商業学校（現那覇商業高）を卒業、43年に徴兵検査を受けたが、体重が軽く入隊できなかった。当時、兵隊にならないのは「非国民」とみなされ、肩身の狭い思いをしたという。

　沖縄新報は米軍上陸直前の45年3月、首里城地下の第32軍司令部壕に近い留魂壕に移った。留魂壕は沖縄師範学校男子部の生徒らの勤労作業で掘った壕だったが、沖縄新報が坑道の半分ほどを使用した。

＊紙面の「戦果」と異なる現実、目疑う

　許田さんが沖縄新報に入ったのは45年。父の紹介だった。業務局で経理を担当し、戦況を取材する同僚記者と共に壕内で働き、寝起きした。「壕からは水くみに出るくらい。うっかりしたら浦添方面から弾が飛んできた」と振り返る。戦況を知るよしもなく、事実よりも戦意高揚を重視していた新聞を疑わなかった。

　戦争の実態を知るのは壕を出た後だ。司令部の首里撤退を目前に、沖縄新報は5月25日に新聞発行を終えた。壕の外に出た許田さんの目の前に広がる光景は跡形もない首里城と転がる遺体だった。「それを踏んで出た」

戦火が迫る前、遊び場所だった首里城は見る影も無くなっていた。

＊迫る米軍、首里を逃れて南部へ

沖縄戦で戦意高揚の一端を担った新聞「沖縄新報」の新米職員として首里城裏手の「留魂壕」で汗を流した許田肇さんは１９４５年５月下旬、同僚記者らと共に米軍が迫った首里を後にして南部に避難した。だが、道すがら許田さんは爆弾でけがを負った。第32軍司令部が首里から南部に撤退したことによる巻き添えを食らった格好だ。

留魂壕にいた頃、沖縄新報の記者たちは軍の発表を取材するため、首里城地下に張り巡らされた第32軍司令部壕を往来した。その間は２００～３００メートルで、記者は砲撃の合間を縫って留魂壕を朝出て、夕方戻ってくることを繰り返した。砲撃が激しく、紙面制作で組み並べて印刷に使う金属製の字型「活字」が壕内に散らばることも多かった。許田さんは経理担当だったが、新米職員だったため活字拾いも手伝った。

決死の覚悟で刷られた「沖縄新報」だったが、45年４月29日付の紙面は「１万８千余を殺傷」との見出しで、日本軍の４月以降の「戦果」を伝え、「壕生活の組織化」と題した社説を掲載していた。記事は戦意高揚に終始していた。

首里城攻略後、日本軍の要塞を囲んでいた小さな森だった場所で休憩する海兵隊員。遠景左は首里城中庭だった場所。右手は破壊された日本軍の司令部車両＝1945年、首里（沖縄県公文書館所蔵）

＊なぜ沖縄が戦場に……

「交差点は注意しなければいけなかったのに」。米軍の攻撃から逃れようと、首里を離れ南に向かっていた6月ごろ、糸満のある交差点で上空に小型偵察機を見つけた。次の瞬間、艦砲射撃が許田さんらを襲った。着弾した爆弾の破片が持っていたスコップを貫通し、右太ももに突き刺さった。許田さんは一命を取り留めたが、前を歩いていた日本兵は顎の下が吹き飛ばされていた。

同僚らと歩き続けた許田さんは、6月中旬には真壁村（現糸満市）にたどり着き、生き抜いた。しかし、多くの同級生や同僚は戦争の犠牲となった。

「なぜ沖縄が戦場になったのか」

友たちの姿を今も思い出す。

紅型作家　城間　栄順さん（86歳）

＊司令部壕の枠板を小屋の柱に

首里城の繁栄と共に沖縄が誇る染色文化として地域に根を張ってきた紅型《びんがた》。紅型宗家の一つ、城間家で生まれた城間栄順さん（86歳）＝那覇市＝が戦後、疎開先から沖縄に戻ってくると、首里は灰じんに帰していた。父の栄喜さんと共にがれきをかき分けて、首里城近くで使えそうな木片を見つけると、掘っ立て小屋の柱にした。それは第32軍司令部壕の坑道につながるとみられる入り口の枠板だった。

戦後、灰じんに帰した首里の街の思い出を語る城間栄順さん＝那覇市首里

代々、紅型工房を営む城間家14代目の栄喜さんの長男として１９３４年３月に生まれた栄順さん。首里第二国民学校に入学して、首里城を身近に感じて育った。「当時は『王様がいるんだ』と思っていた」と記憶を呼び覚ます。

国民学校に入った頃から、戦争が迫っていると子どもながらに感じた。教育勅語《ちょくご》を学び、空襲を想定してガマに逃げ込む訓練にも取り組んだ。金曜日は上級生らと班を組まされ、軍に家族が召集された家で勤労奉仕として水をくんだり、掃除をしたりしたという。

１９４２年、父の栄喜さんは染料の買い付けで大阪に行くと、そのまま現地で軍に召集され、佐世保に配属された。栄順さんも弟と一緒に44年8月21日、九州に疎開するため輸送船団の一つ「和浦丸」に乗船し、沖縄を離れた。船団の中には翌22日、米潜水艦に撃沈される「対馬丸」もあった。「海に何かがいっぱい浮いていた。当時は分からなかった」。和浦丸も攻撃を避けるようにジグザグ航行し長崎港にたどり着いた。疎開先の熊本県の阿蘇で戦火を免れた栄順さん。親元を離れ「ヤーサン（ひもじい）、ヒーサン（寒い）、シカラーサン（親元を離れて寂しい）」といわれた学童疎開だった。

栄順さんが栄喜さんに迎えられ、沖縄に帰ってきたのは１９４７年のことだった。

＊父と共に紅型復活へ歩み

「ハンタン山の大きなアカギの根っこが残っているだけだった」。栄順さんらが沖縄に戻ってくると、焼け野原となった首里はまだまだ戦争の爪痕が色濃く、各所にがれきが野ざらしになっていた。

首里城は中城御殿《なかぐすくうどぅん》などの石垣の一部が残るだけで、跡形もなかった。

首里第二国民学校に通っていた栄順さんは、父と共に近くにあった壕の入り口にはめられた枠板を見つけ、掘っ立て小屋の柱にした。位置関係から第32軍司令部壕の第1〜3坑道口とみられる。

この時、見つけたのは枠板だけではなかった。栄喜さんは壕から「軍事秘密」「極秘」の文字が書かれた奄美の地図を持ち帰り、紙いっぱいに帆船の絵柄を彫った。戦後の紅型復活を告げる最初の型紙だった。

栄喜さんの後を継ぎ、紅型の普及に取り組んだ栄順さん。首里城を失って迎えた戦後75年の節目に因縁も感じる。首里城焼失、新型コロナと紅型工房も厳しい社会情勢に直面する。

「いいことも悪いことも含めて首里城は沖縄の歴史。節目に足を止めてわれわれの生きる道を考えてもいいかもしれない」――栄順さんは栄喜さんが手掛けた首里城が描かれた紅型を見つめた。

鉄血勤皇師範隊　古堅 実吉さん（90歳）

＊首里の城下で学ぶ高揚感は一転、軍作業へ

「75年たっても、深刻ないくつかの出来事はいつまでも忘れられないです」。梅雨空の下、古堅実吉さん（90歳）は一つひとつ記憶をたどるように、ゆっくりと語り出した。

1944年4月、首里城のすぐ北側にあった沖縄師範学校男子部に入学した。古都の風情や首里城の威厳あるたたずまい。本島北部の国頭村安田《あだ》から来た少年は奮い立った。「首里の地で学べる喜びと緊張感で、意欲に満ちていた」。しかし、学びはそこそこに、軍の陣地壕や師範学校の避難壕「留魂壕」の構築作業などに従事するようになった。

翌45年3月23日には米軍による空襲と艦砲射撃が襲いかかり、沖縄戦が始まった。

そして米軍の本島上陸が迫る31日、師範学校の全職員と生徒が留魂壕の前に集められ、鉄血勤皇師範隊への入隊を告げられた。半袖、半ズボンの軍服に着替えた少年たちは、それぞれの任務を胸に、戦場へ向かった。

古堅さんたち「自活班」は食糧確保の活動にあたった後、首里城地下の軍司令部壕へ発電機の冷却水を運ぶ任務に携わった。井戸まで70～80メートルの距離を何度も往復した。発電施設は壕の入り口脇にあり、時折、外の空気を吸いに出てきたらしい軍の幹部に出くわした。ある参謀が、日本と同盟国のドイツが降伏したと教えてくれたこともあった。

軍の中枢があった首里一帯は激しい攻撃を受け、首里城も破壊された。「首里城が燃えていると友人から聞いたが、見に行ける状況ではない。『やられたか……』という雰囲気だった」。高くそびえていた城壁は崩れ落ち、正殿跡を横切って作業場へ通うようになった。

＊母を呼ぶ友の声、今も耳に

鉄血勤皇隊に動員された沖縄師範学校男子部の生徒は386人。約6割の226人が犠牲になった。最初の犠牲者・久場良雄さんは、古堅さんが寄宿舎で机を並べ、きょうだいのように慕った先輩だった。留魂壕入り口で被弾して脚や顔半分を失い、命が消える間際まで母親を呼んでいた声が今も耳から離れない。

冷却水を運ぶ作業中、「ひと休みしよう」と声を掛け合った友が、飛んできた砲弾で即死するのも目の当たりにした。

友人の犠牲を語り出すと、古堅さんは1分半も黙り込んだ。「言葉がなくなってしまった」とつぶやき、言葉を継いだ。「一種の危機感があります。15歳だった私が今年91歳になる。あの地獄の戦を経験した人がいくらも残っていない中、どう後の世代につなげていくか――」。

鉄血勤皇隊として動員された沖縄戦を振り返る古堅実吉さん

戦後75年たっても続く基地問題や米国に対する日本政府の姿勢を批判する。「戦への道を繰り返そうという強い動きが心配だ」

雨が上がり、強い日差しを背にした古堅さんが言った。

「『危機感があります』などと言わずに済むような世の中に。みんなで力を合わせてつくり上げていきたい」

鉄血勤皇師範隊　故金城福一郎さん

父親の金城福一郎さんの思い出を振り返る長男の福実さん（中央）、次男の哲夫さん（右）、三男の博史さん（左）＝那覇市西

＊極限の体験、家族へ託す

「ここが32軍司令壕の出入り口だった。爆破して埋まっている」

草木が生い茂る首里城公園の一角。カメラは身ぶり手ぶりを交え、激戦の様子を振り返る老人の姿を捉えている。

インターネットに公開された「親父の戦争」と題された映像の撮影日は、１９９２年６月21日。老人は２００３年に80歳で亡くなった金城福一郎さんだ。沖縄師範学校の学徒だった金城さんは鉄血勤皇師範隊として沖縄戦に動員された。

米軍の砲撃を受けて戦場をさまよった当時の記憶を頼りに自らの軌跡をたどった。車のハンドルを握りながら、息子や孫らに戦争体験を語り聞かせる様子を、長男の福実《ふくみ》さん（72歳）が撮影した。福実さんは「おやじは自分の戦争体験を、私らが小さな頃からいつも話してくれた」と振り返る。

学徒隊の拠点「留魂壕」があった首里城から始まる追憶の道行きには、次男の哲夫さん（70歳）とその子どもたちも同行した。哲夫さんは米軍の攻撃に追われ、南部に敗走する途中で起きた出来事について語った、金城さんの話を鮮明に覚えている。

高嶺村（現糸満市）の家屋で、兵士や住民らと休んでいた時、米艦船が放った砲弾が家屋を直撃した。

哲夫さんは「家には17人がいたそうだが、おやじ以外はみんな亡くなったそうだ。なんてすさまじい経験をしたのか、と息をのんだ」と明かした。

九死に一生を得た金城さんだったが、砲弾の破片が身体のあちこちに突き刺さる重傷を負った。金城さんは、傷口にわいたうじを払いのけながら摩文仁を目指した。哲夫さんらは幼少時から金城さんの身体に残った無数の傷痕を見ていた。それだけに、悲惨な戦争の情景がより生々しく感じられたという。

哲夫さんは「おやじは人前で肌をさらすことがなかった。体中にあるカンパチ（傷痕）を見られたくなかったんだろう」と述懐する。

沖縄師範学校の学徒だった当時の金城福一郎さん（左から5人目）

＊息子ら「親父の戦争」配信

金城さんは戦後、米軍嘉手納基地で働き、1972年の日本復帰を機に独立して、那覇港のそばで民宿を始めた。父親から民宿を受け継いだ三男の博史《ひろふみ》さん（68歳）が、撮影した8ミリフィルムを半年がかりで編集し、12編の動画にまとめた。「おやじは民宿のお客さんによく自分の戦争体験を語った。戦争に対する強い反省があったのだと思う」と博史さん。父親の強い思いを語り継ぐかわりに、ネット上で動画を公開した。長男の福実さんは言う。「生死の極限を経験した父親の声と姿。それを記録として残したかった」

これからも不戦を願う語り部の思いは残り続ける。

一中鉄血勤皇隊　与座 章健さん（91歳）

＊戦争に翻弄された記憶、今も鮮明に

1945年4月、首里城地下を南北に貫く第32軍司令部壕の第4坑口では、崩落した土を運び出す少年たちが出入りを繰り返していた。本島中部の西海岸から上陸した米軍は日本軍を追い、司令部が置かれた首里上空にも米軍機が飛び交うようになった。作業を担っていた一中鉄血勤皇隊の与座章健さん（91歳）＝南風原町＝は壕から土を運び出したところで、米軍機から落ちてくる爆弾を目撃。逃げるように壕内に飛び込んだ。

与座さんは小柄な体で南風原村（現南風原町）津嘉山から、かばんを担いで毎日5キロを歩いて首里の県立第一中学校に通い、懸命に勉強した。龍潭《りゅうたん》のほとりで首里城の絵を描いたことも思い出の一つだ。

そんな与座さんら一中生にも戦争の足音が近づいていた。45年3月27日、最上級生の5年生と共に与座さんら4年生の「繰り上げ卒業式」も行われた。戦後、県外の大学に入る際に、修学期間が短いことを理由に入学を断られそうになった。「僕らだけ4年で卒業させられた」。戦争に翻弄《ほんろう》された記憶は今も鮮明に残る。

一中鉄血勤皇隊として、32軍壕の設営に携わった当時を語る与座章健さん＝那覇市の首里城公園

＊重労働の日々に、多くの学友も失う

その後、一中鉄血勤皇隊として首里城地下に掘られた第32軍司令部壕の補修作業にかり出された。壕の

第4抗口から100メートルほど中に入った場所は落盤で土が積もっていた。与座さんらはその土を運び出す作業を8時間の3交代勤務で担った。壕内は思っていたよりも広く、土を運び出すトロッコが設置されても両脇を人が通れるほどだった。土で山盛りになったトロッコは重く、1回運び出すのに20分ほどかかった。作業中にすれ違う日本兵からは「元気を出せ」と尻を蹴飛ばされた。

重労働をしながら考えたのは「腹が減ったな」ということばかりだ。そんな時に限って誰かが「月月火水木金金」など軍歌を歌い出した。与座さんも「憂さ晴らしだ」と声を張り上げた。皆つられて歌っていた。

ある日、いつものように土を壕の外に運び出した与座さんの目に米軍の爆撃機が飛び込んできた。同時に爆弾が落下。「アイヤー」。与座さんは壕内に飛び込んだ。爆音がとどろいたが、思いのほか遠くだった。「自分に落ちてくるようにしか思えなかった」。極限状態だった。

「体力に自信がない者は手を上げろ」。4月28日夕、中隊長から突然、隊員の一部を除隊処分にすると命令された。理由は食糧不足だ。与座さんは「手を上げたい」と思いながら上げられず、他の皆も黙っていた。すると、与座さんを含めた19人が指名され、除隊となった。軍服を脱ぎ捨て、南部出身の同級生3人と南へ向かい、自宅近くに来て皆と別れた。

この時別れた豊見城出身の同級生、大城長栄さんの親から戦後、「うちの長栄が帰ってこない」と聞かされて絶句した。

戦争で多くの学友、同窓生を亡くした与座さん。

「同級生は皆思い出がある」。公開を求める声が高まる第32軍司令部壕の上でつぶやいた。

3 32軍壕の保存、公開、活用に向けて

〔特別評論〕32軍壕公開の意義

「軍は住民守らぬ」の教訓継承

【6月20日付】

沖縄戦体験者の多くは特定の場所と結びつけて自らの体験を語る。住民が隠れた自然壕（ガマ）や防空壕、墓、日本軍陣地、集落近くの山などである。それは必ずしも地図に明示されているわけではない。体験者の記憶に刻まれており、戦後の証言に基づき、県史や市町村史誌や字・区誌に記録されてきた。中には沖縄戦体験を継承する欠かせない戦争遺跡として活用されている地もある。

体験者が証言を残さないまま他界した場合、住民を守った壕などは忘れ去られる可能性がある。開発行為や老朽化で貴重な戦争遺跡が失われる事例もある。沖縄戦から75年を経て、戦争遺跡の調査と保存を求める声が強くなっている。

沖縄戦は、本土決戦を遅らせるための戦略持久戦であった。そのため県民に多大な犠牲を強いた。戦禍に巻き込まれた県民の命運を左右する決定がなされた戦争遺跡が首里城地下に築かれた第32軍司令部壕で

ある。日本軍の首脳は1945年5月22日、この壕に集まり、本島南部への撤退を決めた。その結果、南部の住民や、軍と行動を共にした避難民の生命が失われたのである。

司令部壕は総延長1キロ余。沖縄師範学校男子部の生徒らを動員し、44年12月に構築が始まった。牛島満司令官ら軍首脳がこの壕で作戦を指揮し、千人余の兵士や県出身の軍属らが雑居した。沖縄戦から75年を経て司令部壕は老朽化が進んでおり、5カ所の坑道口は現在閉じられている。

「軍隊は住民を守らない」が沖縄戦の教訓である。沖縄住民のスパイ視虐殺、「集団自決」（強制集団死）などと並び、住民保護を埒外《らちがい》に置いた作戦方針が県民犠牲の増大につながった。作戦を主導したのが32軍司令部の八原《やはら》博通高級参謀であった。

八原氏は1973年10月、沖縄戦の作戦方針について琉球新報に寄稿している。敗戦から28年を経た時点でも、その内容から高級参謀の姿を彷彿《ほうふつ》とさせる。

この中で八原氏は、「そもそも沖縄作戦の目的は、本土決戦を有利ならしめることが最大の眼目であった」と明記し、その上で「南西諸島、特に沖縄本島を観る私の心眼は、まことに申しわけないが、この作戦上の価値判断に基づくものであった。沖縄県民、特に非戦闘員の取り扱いは、この作戦目的に合する範囲内に於いて、最善に処理されたのである」と論じた。

沖縄本島南部の住民を北部（国頭郡）に移す「北部疎開」に関しては、こうも記した。

「この狭小な沖縄で、戦火を避けるには、どうしても彼等は国頭郡に移る外ない。この際必ず米軍の手中に落ちることになる。が彼等も文明国の軍隊である。我が難民を虐待することはあるまい。私の長い駐米生活の経験からも、そう信じたのである。幸い、牛島将軍は喜んで、私の意見を承認された」

北部に疎開し、山中で飢え、マラリアで倒れた住民は、八原高級参謀と牛島司令官の間で、このようなやりとりがあったことを想像できなかったはずだ。生命の危機と直面していた県民の苦しみとかけ離れた軍の論理である。

２０１９年10月末に焼失した首里城の再建に向けた広範な県民の取り組みの一方で、32軍司令部壕の保存・公開を求める声が上がっている。県民を戦火にさらした無謀な計画が立案・遂行された地である。沖縄戦の悲劇と教訓を記録し、継承するためにも、司令部壕の保存・公開が求められる。そのほか県内各地の戦争遺跡の調査保存に向けた取り組みを今後も重ねたい。

沖縄戦を学ぶ、語り継ぐこと、それは沖縄の平和な未来を拓《ひら》く営為であることに他ならない。

沖縄県民意識調査【琉球新報・沖縄テレビ放送（ＯＴＶ）・ＪＸ通信社】

【６月22日付】

32軍壕「公開を」74％、沖縄戦「継承必要」85％

琉球新報社は６月21日までに、沖縄テレビ放送（ＯＴＶ）、ＪＸ通信社と合同で戦後75年の「慰霊の日」を前に電話による県民意識調査を実施した。那覇市の首里城地下にある日本軍第32軍司令部壕が崩落の懸念を理由に立ち入りできないことについて、対応を問う質問では「保存し、公開すべきだ」が74・16％となった。「保存すべきだが、公開する必要はない」の11・53％、「保存する必要はない」の５・37％を大きく上回った。県は一般公開は「難しい」とし、ＩＴ技術を使った内部公開を検討するが、現場公開を求める要請も相次いでいる。

沖縄戦で焼失し、２０１９年10月に再び火災の被害を受けた首里城の再建は、「県の主導で進めるべきだ」との回答が63・62%と半数以上を占め、「国の主導で進めるべきだ」の27・24%を上回った。

戦争体験の継承について「もっと語り継ぐべきだ」と回答した人は、63・42%で最も多かったが、２０１５年の前回調査より12ポイント減った。「現在の程度で語り継げばよい」が前回より３・１ポイント増の22・47%だった。両方を合わせた数字は前回94・８%だったが、今回は８・９ポイント少ない85・89%となった。「分からない」が前回の０・４%から７・16%に増えた。「もうあまり語り継ぐ必要はない」が５・17%（前回比２・２ポイント増）。「戦争のことは一日でも早く忘れるべきだ」は前回と同水準の１・79%だった。

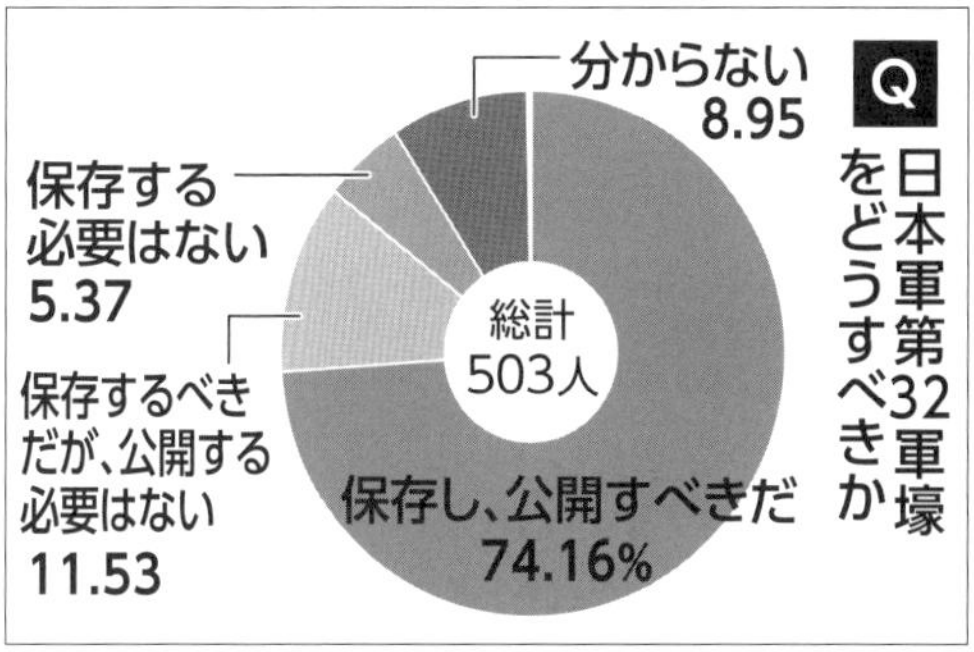

戦後処理を巡る課題は「平和教育・史実の継承」が52・68%で最も多く、「不発弾処理」が20・28%で続いた。

「沖縄戦の体験を伝承するために必要な取り組み」では「学校現場での取り組み」と回答した人が最も多く、43・34%だった。前回より２・１ポイント増えた。２番目に多かったのは「戦争体験者やその継承者による語り継ぎ」で24・06%だったが、前回より７・３ポイント減った。「行政による平和関連事業の充実」が21・47%で、前回比１・３ポイント減だった。

今回の調査で新たに設けた「沖縄戦の教訓」に関する質問では、「平和、人権の尊さ」が42・15％で最多だった。「住民の命が守られないこと」が19・48％で続いた。「軍国主義・徴兵制の恐ろしさ」と回答した人は17・89％で、70代以上で28・16％だったが、年代が低くなるほど下がり、20代は5・56％だった。

32軍壕の公開は平和行政の一環 元学徒ら、県に求める

【6月22日付】

琉球新報と沖縄テレビ放送、JX通信社の戦後75年の県民意識調査で、首里城地下の第32軍司令部壕を「保存し、公開すべき」が74・16％で最多となった。沖縄戦に動員された元学徒などからは「玉城県政には平和行政の一環として、どうしても保存し公開してもらいたい」など、壕の保存と公開を強く求める声が上がった。

名桜大学前学長の瀬名波榮喜さん（91歳）は、県立農林学校在学中の16歳で沖縄戦が始まり、米軍の砲弾にさらされ、戦場に動員された多くの同級生を亡くした。玉城デニー知事が第32軍壕の継承で動画やVR（仮想現実）の技術活用に前向きなことに「写真や仮想現実による公開で、満足ということは絶対にない。実際に壕の中に入って追体験することでしか戦争の恐ろしさは分からない。VRでは平和の構築に力はない」と強調した。

1996年、瀬名波さんは県の「第32軍司令部壕保存・公開検討委員会」の委員長として壕の公開を決

めた。「当然、方針は引き継がれていると思っていたら、ほったらかされてしまった」と振り返り、玉城県政での保存と公開を求めた。

元県立一中の山田芳男さん（89歳）は、「絶対に残すべきだ。壕の中には慰安婦もいたというが、どのような区割りになっていたのか、詳しく見せてほしい」と要望した。県民意識調査では、沖縄戦で得られた教訓で「軍国主義・徴兵制の恐ろしさ」との回答が若い世代で低かった。山田さんは「戦場の悲惨さ、むごたらしさをわれわれは経験したが、若い世代には理解しにくいだろう」と指摘する。「先生方も教えるためにはもっと勉強してほしいし、平和の催しなどに若い世代がもっと参加し、生き残った方々の体験や思いを聞いてほしい」と求めた。

元昭和高等女学校在学中に看護要員として動員された吉川初枝さん（92歳）も、学校や行政を通じた継承の取り組みを求めた。

70代以上では沖縄戦の教訓に「軍国主義―」を挙げた割合が高かった。元昭和高等女学校の上原はつ子さん（91歳）は「沖縄戦と戦後の米国統治下を体験した世代では複雑な心境が今もある」と打ち明けた。自身も「国のため、天皇のためいつ死んでもいいという気持ちで（戦争に）参加したが、なんであんなこと言ったんだろうと非常に後悔している」と語る。

戦後、米国による沖縄の長期軍事占領を昭和天皇が望む「天皇メッセージ」について、「今の時代の天皇はどう思っているのか。一言わびてほしい」と話した。

32軍壕公開　県が検討委員会
知事方針「歴史、次世代へ継承」

【6月27日付】

戦時中に首里城地下に築かれた日本軍第32軍司令部壕の保存・公開について、玉城デニー知事は6月26日、２０２０年度中に専門家らでつくる新たな検討委員会を設置する考えを明らかにした。壕の保存・公開などを要請した城間幹子那覇市長と久高友弘市議会議長らに答えた。玉城知事が新たな検討委の設置を決めたことで、第32軍司令部壕の保存・公開へ向けた第一歩となりそうだ。

要請を受けた玉城知事は「岩塊の崩落や酸素の欠乏など、安全確保の観点から現状では一般公開は困難だ」と従来の見解を示した。その上で「戦争を風化させない観点から、第32軍司令部壕の役割など歴史を次世代へ継承することは重要と捉えている。専門家等による新たな検討委員会を設置し、保存・公開や平和発信の在り方を、那覇市と共に検討したい」と述べた。謝花喜一郎副知事は「どういった形でなら保存し、公開できるかを含めた委員会にしたい」と語った。

検討委員会の設置時期や結論を出す時期は未定。メンバーは土木技術や沖縄戦など、さまざまな分野の有識者から選び、多角的に検討する。那覇市の具体的な関わり方は、現時点で決まっていない。県は１９９７年に「第32軍司令部壕保存・公開基本計画」を策定したが、その後、整備や公開に向けた作業は停止していた。

城間市長らは壕内に残るとみられる遺骨について、国の責任で収集するよう働き掛けることも求め

第32軍司令部壕の保存・継承と公開を玉城デニー知事（中央右）へ要請する城間幹子那覇市長（同左）ら＝6月26日午後、沖縄県庁

た。玉城知事は「一柱でも遺族に返すことが重要だ。未収骨に関する新たな資料が得られた場合は国に情報提供し、国と協議して遺骨収集に取り組みたい」と述べた。

第32軍は1944年3月、南西諸島防衛のために創設された。同年12月から首里城下に新たな司令部壕の構築を開始し、学生も駆り出された。司令部壕は全長約1キロ、五つの坑道で結ばれていた。

壕内には、牛島満司令官、長勇参謀長をはじめとした千人余りの将兵や沖縄出身の軍属、学徒、女性たちが雑居していたとされる。

日本軍の拠点として米軍の激しい攻撃を受け、軍は45年5月22日に南部撤退を決定。県民を巻き込んだ沖縄戦の悲劇を生み出した。

〔単眼複眼〕32軍壕保存・公開検討委員会　【6月27日付】

世論に押され知事決断
戦争と平和学ぶ貴重な場

玉城デニー知事は6月26日、第32軍司令部壕の保存・公開を検討する委員会を新たに設置する考えを明らかにした。首里城再建の動きや戦後75年の節目に伴う、司令部壕の保存・公開を求める世論の高まりに背中を押され、政治決断に至った。

司令部壕の保存や公開を巡っては、沖縄県政が代わると対応が変遷してきた経緯がある。大田県政だった1997年に県は司令部壕の保存・公開基本計画を策定した。壕内の坑道は崩落の危険があり、新たな坑道の掘削案も検討された。工費の試算は約30億円に上った。

1998年に稲嶺恵一知事の誕生で県政が交代すると、整備や公開に向けた取り組みは実質停止した。安全性の確保が困難で、整備に膨大な費用が必要との理由で、県は「壕の一般公開は行わない」として保存・公開を断念した。

県は2020年4月に示した首里城復興基本方針で、「歴史の継承と資産としての活用」の項目の「平和を希求する『沖縄のこころ』の発信」の位置付けに、司令部壕も明記した。IT技術を用いて内部の公開を検討するとしていた。だが県民の中には現場公開を求める声は根強い。琉球新報が沖縄テレビ放送、JX通信社と合同で実施した県民意識調査では、司令部壕を「保存し、公開すべきだ」という意見が74・

16％に上った。

沖縄県によると、こうした世論の高まりを受け、戦争体験者の話も聞く中で知事の戦争遺跡保存への認識は深まっていったという。玉城知事は要請で、「悲惨な沖縄戦の語り部が減っていく中で、一つでも残せるものは残し、（司令部壕は）戦争と平和について学ぶ貴重な場所だ」と強調した。

首里城の復元に合わせた司令部壕の保存、整備について、県幹部は戦後80年の節目に向けて「技術的にハードルは高いかもしれないが、最後のチャンス」と捉える。別の県幹部は「とにかく予算をかき集めて、補正予算を組んででも、というくらいの気持ちだ」と、一時断念した保存公開に向けて動き出す姿勢を見せた。

32軍壕を平和学習の場に「南部撤退で住民に犠牲」牛島司令官の孫・貞満さん現場歩く

【6月27日付】


2020年6月25日、土砂降りの雨の中、祖父がいた日本軍第32軍司令部壕の入り口近くを歩く。「坑道の入り口はここじゃない」「この立坑がどこに出ているのか知りたかったんです」。雨にぬれながら、一カ所一カ所歩いて確かめていく。75年前、沖縄戦で日本軍を指揮した第32軍牛島満司令官の孫、東京都在住の牛島貞満さん（66歳）は、32軍壕の保存・公開を含めた沖縄戦継承への思いを強くしている。

「司令部壕は、県民や一般兵士の犠牲を強いた『南部撤退』を決めた場所だった。沖縄戦の悲劇は32軍の非情な命令があったから。沖縄戦の悲惨さを語り継ぐ場所として、大切な場所だ」

首里城地下に眠る日本軍第32軍司令部壕の近くを歩く（左から）牛島満司令官の孫・牛島貞満さんと第32軍司令部壕保存・公開を求める会の瀬名波栄喜さん、垣花豊順さん＝6月25日午後、那覇市

東京都内で小学校教諭を務めた牛島さんは、慰霊の日を中心に沖縄を訪れている。40歳になるまでは沖縄に来られなかった。

「沖縄県民を犠牲にした司令官の家族という立場で、沖縄に行ったらどんな風に見られるか分からなかった」。祖父の足跡をたどる中で、戦争体験者や沖縄で平和継承に取り組む先輩たちに出会った。「いろんなことを教わった。恩返しも含め、次の世代に平和を伝えなければいけない」

牛島さんはこの日、第32軍司令部壕保存・公開を求める会の瀬名波栄喜さん（91歳）や垣花豊順さん（86歳）らと会い、1997年に司令部壕に入ったことや、司令部壕を歴史・平和学習の場にすることについて話し合った。

97年の調査では、実際に第5坑道と第3坑道口近くから司令部壕に入った。当時の映像を見ながら、荷物を運んだとみられるレール跡やそのまま残っていた木の杭なども確認した。

牛島さんは、「首里でそのまま持久戦をするという選択もあったはずだろう。住民のいる所が戦場になると分かっていながら、南部撤退の決裁をした。住民と兵士を犠牲にしてしまった」と語る。

沖縄戦継承や平和への思いを強く抱く牛島さんは最後にこう強調した。

「32軍壕は、沖縄戦の重要な戦跡であると誰もが認めている。保存・公開は、沖縄の人たちが決めていくべきものです」

現場での公開を要望
32軍壕検討委設置　関係者ら歓迎の声

【6月27日付】

玉城デニー知事が6月26日、第32軍司令部壕の保存・公開を検討する委員会を設置する考えを示したことに対し、保存・公開を求める人々から歓迎の声が上がった。「バーチャル（技術による公開）ではなく（現場で）公開する方向で検討してほしい」など、壕の内部に入れるよう整備を求める声もあった。

琉球大学名誉教授の垣花豊順さん（86歳）は、検討委設置に感謝し「司令部壕の保存・公開がなければ首里城を再建しても（十分な）歴史教育はできない。残された遺骨を供養しなければ再建してもお祝いできない」と指摘した。司令部壕について「負の世界遺産だ。首里城と共に命どぅ宝の精神を広げる場にすべきだ」と述べた。

戦時中に鉄血勤皇師範隊に動員され、司令部壕の構築にも関わった元衆院議員の古堅実吉さん（90歳）は、「前向きな方向で進みそうだ」と喜んだ。司令部壕など戦争遺跡の保存に関して「個人的な問題ではなく、地獄の戦争を経験した沖縄県民の願いでなくてはいけない」と強調した。

吉浜忍・元沖縄国際大学教授は、「保存・公開を前提に、歴史的観点からも壕内部をしっかり調査してほしい。平和学習にどう活用するかという観点も含めて議論してもらいたい」と求めた。「戦後75年がたち、戦争体験の継承が人からものへと移り変わりつつある今、委員会を立ち上げたことは一歩前進だ」と評価した。

＊識者談話／新城俊昭さん（沖縄大学客員教授　琉球・沖縄史教育）【6月22日付】

戦跡生かす平和学習を

首里城地下に造られた日本軍第32軍司令部壕については、行政が保存して公開・活用する方向で考えるべきだ。沖縄戦の本拠地であって、沖縄戦を考える貴重な場所になる。

保存するだけでは意義が伝わらない。首里城近くに資料館を建設し、32軍壕がどんな役割を果たしたかを学ぶ場所にすべきだ。糸満市摩文仁ではなく実際に存在した場所に整備し、沖縄戦を考える場所として活用した方がいい。

県民意識調査では、沖縄戦継承のため「学校現場での取り組みが必要」が43・34％と高いが、学校現場に頼りがちになっている。学校だけだとうまくいかない。地域の連携が非常に重要になる。戦跡は各地域にある。地域の戦跡で学ばせ、地域住民と連携したシステムが重要になる。学校は転勤もあり、先生方も入れ替わっていく。家庭で戦争を語ってくれる人が少なくなる中、地域と連携していかないと平和学習は難しくなる。学校任せにせず、戦跡と地域が一緒になってできるような新しい教材作り、平和学習が今後は必要になる。

これからの10年がとても重要な意味を持つ。戦争体験を語れる人が極端に少なくなる。戦後世代は証言を聞いても、沖縄戦について理解できないところがある。戦争体験の聞き取りができる貴重な10年間で、戦争体験者と戦跡保存の在り方・活用を一緒に考えていく、そうした努力が必要になってくる。

Ⅲ

記者が歩く戦場の爪痕

沖縄戦

75年

戦後75年を経た今も、沖縄戦当時の戦闘の痕跡が各地に残る沖縄。

琉球新報の記者が平和ガイドや体験者、市町村の担当者らに案内されて各地の戦跡を巡る。

沖縄戦の実相に触れ、そこで何を感じたかを伝える。

特攻艇秘匿壕　北谷町

片道切符、悲痛さ込み上げ

◎案内人
大城　美和子さん

目の前に広がる森の中に壕《ごう》があるとは一見して分からない。

「この奥です」――北谷町で平和行政を担当する大城美和子さん（52歳）が指し示す方角は、草に覆われ何も見えない。行く手を阻むように生い茂ったクワズイモやシダの葉を払いのけ、大発生している蚊の羽音を不快に感じながら進んだ。10メートル足らずの所に、日本軍が〝肉薄攻撃〟として使用する特攻艇を隠していた「秘匿壕」が姿を現した。

２０２０年３月31日に一部返還された、北谷町大村の米軍キャンプ瑞《ず》慶覧《けらん》内に残る特攻艇秘匿壕だ。日本軍の海上挺進第29戦隊の配備に伴い、１９４４年12月から昼夜を問わず秘匿壕造りが行われた。『北谷町史』によると町内（当時は北谷村）から比較的年配の２００人余が防衛隊として

特攻艇の秘匿壕を懐中電灯で照らす北谷町総務部の平和行政を担当する大城美和子さん＝北谷町の米軍キャンプ瑞慶覧

動員された。白比川《しらひがわ》を挟み30～40カ所が造られたというが、現在はキャンプ瑞慶覧内に6カ所、基地外に1カ所しか残っていない。

入り口に垂れ下がるつるをよけて壕内に入ると、意外と中は広く、奥行きは約12メートルあった。米軍の目を避けるため隠された特攻艇は全長5・6メートルで、木造合板製だった。1人で120キロの爆雷2個と共に20ノットの速度で米艦船に体当たりする。二度と戻れないことを知りながら、任務に当たった若い日本兵の姿を想像すると悲しみ、苦しみ、申し訳なさといった表現し難い感情に襲われた。

1945年3月29日深夜から30日早朝にかけて、秘匿壕から白比川を伝い特攻隊員17人が慶良間方面の米船団を目がけて出撃した。1人が帰還し、残りの16人は海の藻くずと消えた。

特攻艇秘匿壕

米軍の上陸が想定された地域に配備された日本軍の海上挺進基地第29大隊の進駐に伴い築造された人工壕。木造合板製で、120キロの爆雷を2個搭載し米艦船に奇襲を仕掛ける特攻艇「マルレ」を納めていた。

クマヤーガマ　北谷町

米軍上陸まで数百人が避難

◎案内人
照屋　正治さん

特攻艇秘匿壕に続き訪れたのが、北谷町砂辺《すなべ》の「クマヤーガマ」だ。

那覇市を中心に沖縄の島々が米軍の大空襲を受けた1944年10月10日、北谷村（当時）砂辺の住民は集落内にある自然壕「クマヤーガマ」に逃げ込んだ。ガマは石灰岩台地が浸食されてできた鍾乳洞で全長は約40メートルあった。「砂辺部落の人々の命の守り神」。北谷町が発行した戦跡の資料にはそう記されていた。

ガマを管理する砂辺郷友会の照屋正治さん（54歳）の案内で中に入った。コケに足を取られそうになりながら降りていく。さぞかし息苦しいところだろうと想像していたが、思っていたよりもはるかに広かった。梅雨の雨続きでじめじめした外気の影響を受けず、中は少しひんやりとしていた。

❖10・10空襲で防空壕に整備

照屋さんによると、10・10空襲後に、住民らが空襲時に逃げ込む防空壕として使うためにガマの中を掃除をしたり通気口を開けたりして整備した。現在も井戸や住民たちが開けた通気口の跡が確認できる。『北谷町史』には「鍋やカマや布団なども持ち込んでいた」「おじいさんたちは、そこで棒術の稽古などをした」と、当時のガマの中の様子が記されている。

米軍の本島上陸直前の45年3月27日ごろ、現在の宜野湾市嘉数《かかず》地域一帯に配置された石部隊（第62師団）の兵士が訪れ、北部に避難するよう指示を出した。

『砂辺史』によると数百人がガマに避難していた。換気も悪く湿度も高くなり、衰弱する人もいたというが「（軍の指示に従い）上陸前には全員が避難したので、ここでは誰も亡くなっていないんですよ」と照屋さんの説明を受け、少しほっとした。ただ、住民らが砲弾の飛び交う中、命懸けで北部へ移動した苦労を考えると、その気持ちはすぐに消えた。

地上から約3メートルほど下にあるガマは、今でこそ階段があるものの出入り口は落差がある。今は平和学習時に使用する電灯が設置されているが、中からは外の様子が全く分からず、当時は真っ暗闇だったことが想像される。ガマの出口が見えてくると安堵《あんど》感が広がった。

4月1日、米軍は砂辺など沖縄本島中部の西海岸から上陸。激しい地上戦が幕を開けた。戦後、砂辺は

米軍上陸地の砂辺にあるクマヤーガマを案内する砂辺郷友会の照屋正治さん＝北谷町砂辺

集落全域が米軍に接収され、クマヤーガマの入り口は米軍に埋められた。56年に返還されたが、付近は敷きならされ、住宅地となった。その後、89年に住民の証言で入り口が発見され、砂辺郷友会により発掘調査が行われた。

現在は砂辺郷友会が管理し、修学旅行生や地域の学校が平和学習で利用する時に開放している。

クマヤーガマ

北谷町砂辺集落の南端にある標高約7メートルの石灰岩台地が浸食されてできた鍾乳洞。全長40メートルで三つの洞穴からできている。「閉じこもる」という意味の「クマヤー」が名前の由来。1989年の発掘調査で、ヒスイやかんざしなどの装飾品のほか先史時代の人骨も発見されている。

記者の目　平和を脅かすものにあらがい続ける

クマヤーガマにいたのは1時間にも満たなかったのに、知らず知らずのうちに緊張していた。鍾乳洞のつららから滴る水のせいか、めったにかかない手汗のせいだろうか、メモを取るノートが波打つようにふやけていた。

秘匿壕もクマヤーガマも外に出た時、ただそこに空が広がっているだけでうれしかった。75年前、住民らが見上げる空は恐怖の対象だった。戦争で傷ついた人の心を癒やすことはできない。ただ今の豊かな世を手放しで受け入れることに抵抗がある。平和を脅かす全てのものにあらがい続けたい。取材を通して、そう感じた。

新垣　若菜／中部支社報道部（2017年入社　34歳）

161・8高地陣地　中城村

激戦、米軍の南進に抵抗

◎案内人
喜納　大作さん

切り立った頂上からは東海岸の中城湾や南部の知念《ちねん》半島、西側は慶良間諸島を見渡せる。米軍の動きを監視するには最適な場所だったのだろう。中城村北上原にある沖縄県消防学校裏の丘は沖縄戦時、日本軍の「161・8高地陣地」が築かれた。

『中城村史』や米陸軍省戦史局編の『沖縄戦　第二次世界大戦最後の戦い』などの文献によると、米軍上陸3カ月前の1945年1月ごろ、日本軍の独立歩兵第14大隊が住民を動員し、陣地を造った。地元の石工5～6人と住民数十人が参加した。「161・8」は標高（メートル）を表す。

丘は中城城跡へつながる中城ハンタ道から入る。「御願毛《うがんもー》」と呼ばれ、奥間の発祥地とされる。

日米両軍で熾烈な戦闘があった戦闘指揮所（右）（OKINAWA THE LAST BATTLEより）

登り道を数百メートル行き、5分程度で頂上付近に着いた。指揮所に至る道は舗装されているものの、草に覆われ歩きにくい。拝みをする香炉が置かれた大きな岩が頂にあり、その上に米軍の動きを監視した戦闘指揮所がある。

指揮所は老朽化のため、普段は入れないが、村教育委員会の許可を得て、ほぼ垂直の岩場を登って進んだ。指揮所は切り出した石灰岩で築かれており、日本軍は住民に「自然の岩に似せるよう」指示したという。外側はごつごつしているが、内側は白く切断された平面となっている。

❖日本軍、動き監視し戦闘指揮

この場所に陣地を築いたのは、本島中部に上陸した米軍を攻撃し、南進を遅らせるためだった。村の戦跡ガイドブックなどを作った中城村教育委員会の喜納大作さん（36歳）は「なるべく見つからないように敵の様子をチェックし、進軍を遅らせる機能があった」と解説する。

配備された日本兵は約１５０人。４月５日から６日にかけて日米両軍の激戦が展開され、約１２０人の日本兵が命を落とした。

戦闘指揮所内で中城湾方向を指さす中城村教育委員会の喜納大作さん（奥）＝中城村北上原

入り口は1カ所、各方面向けに銃眼とみられる窓が3カ所ある。床面積約2畳（4平方メートル）ほどの広さで、天井までの高さは170～190センチ。コンクリート製の天井は剥がれ、鉄筋代わりに使用された馬車軌道とみられるレールがむき出しになっている。

丘一帯は、敵から身を隠しながら移動する塹壕が掘られた。消防学校裏手は、塹壕跡とみられる溝がT字路のような形で残る。1メートルほど深さがあったとみられるが、今は土で埋まり数十センチほどの深さしかない。

指揮所の真下は、自然洞窟を活用した地下壕があった。入り口や銃眼が残るが、大部分が埋没し広さなどは不明だ。

村は2013年度、陣地を戦跡として村文化財に指定し、18年度は指揮所内を鉄骨で補強し周辺を舗装した。喜納さんは「指揮所は突貫で造られ、何百年も耐えることを考えていない。どういう形で保存するか課題はある」と話す。

地域の聖地でもある場所が陣地に変えられ、激しい戦闘で焦土となったふるさと。当時の住民の思いを想像するといたたまれなくなる。配置された日本兵の5分の4が死亡した丘で、静かにたたずむ指揮所が戦争の悲惨さを物語っている。

心にずしんと重くのしかかった。

記者の目　のどかな風景、変えぬように

中城村が2020年3月に作成した戦跡を紹介するガイドブックとマップを手に、初めて161・8高地陣地を訪れた。戦闘指揮所が当時の形をほぼ保っている貴重な場所だ。多くの戦跡が区画整理などで消滅したり、老朽化したりする中、現存する戦跡を記録し、知らない人に紹介したかった。

戦闘が激しくなる前、丘周辺では、陣地構築していた日本兵と住民が交流する姿もあったという。今と同じく野鳥の鳴き声が響き、本来はのどかな場所だったはず。そんな風景を一変させる戦争を二度と繰り返してはいけない。

金良　孝矢／中部支社報道部（2012年入社、30歳）

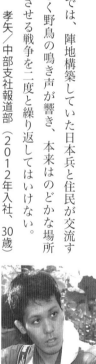

日本軍トーチカ　読谷村楚辺

海岸岩場に銃眼刻む

◎案内人　池原　玄夫さん、中田　耕平さん

午前9時ごろの干潮時を狙い、読谷村楚辺《そべ》のユーバンタ浜に近い吉川原海岸に残る壕を目指す。足元のごつごつとした石灰岩の岩場には、びっしりと緑色の海草がへばりついている。靴底に刺すような痛みを感じながらも慎重に前へ進むと、海岸に突き出た岩の突端が見えてきた。波打ち際で大きな口を開いているように見える暗闇に足を踏み入れると、そこには日本兵が海食洞窟を利用して構築したトーチカ（陣地壕）が広がっていた。

戦前戦後の楚辺集落を見つめてきた池原玄夫《げんお》さん（85歳）と、『読谷村史』編集係の中田耕平さん（40歳）の案内で2020年6月15日、干潮時にしかたどり着けない海岸壕を訪れた。

読谷村では1943年夏ごろから日本軍による北飛行場（読谷飛行場）

建設が始まり、村には多くの日本軍の部隊が駐屯した。

❖米軍上陸の前に放棄

中田さんによるとトーチカは44年に造られた。演習で使用されたが、45年4月1日の米軍上陸時にはすでに放棄されていたという。

年月を経てもなお、その姿を保つトーチカ。海に面した前面は積み石で囲み、一部はコンクリートの壁で支えられている。そこに左右二つの銃眼がくり抜かれている。奥行きのある壕内部は薄暗く、ひんやりと冷たい。壁の所々に「JESUS　SAVED」などとペンキで書かれた英文字が見える。戦後に施された落書きなのか。中田さんは「貴重な戦跡は本来そのまま保存されるべき」だと指摘する。

壕の内側から銃眼の前に立ち、海の方をのぞいてみた。75年前、日本兵はここからどんな思いでユーバンタ浜のきらめく海を見ていたのだろうか。勝利の確信か激戦への覚悟か、それとも恐怖心だったのか。波音に耳を傾けながら想像してみたが、答えを知る由はない。

「戦前はこの海でよく遊んだよ。とても静かで、子どもだけの秘密の場所だった」。池原さんは壕を背に、海原を見つめながら記憶をたぐり寄せる。その先にあるのは、米陸軍トリイ通信施設にのみ込まれた生ま

吉川原海岸の陣地壕（トーチカ）

米軍の上陸に備え、潮流や波で岩が浸食された海食洞を利用し日本軍が構築した陣地壕。海から迫る米艦船への攻撃を想定していたが、持久戦を選んだ日本軍が水際決戦を避けて沖縄本島南部へ移動したため、米軍上陸時に使われることはなかった。

壕の中で中田耕平さん（右）に当時の様子を語る池原玄夫さん。右側の長方形にくり抜かれた部分が銃眼＝読谷村楚辺の吉川原海岸

れ故郷の旧楚辺集落だ。

村内には当時リュウキュウマツがたくさん生えていて、日本兵はこの松を切り倒し杭を作り、楚辺の海岸沖合に無数に打ち込んだ。米軍艦の接近を妨げる目的だったが「一瞬でバタバタとなぎ倒され、何の役にも立たなかった。力の差は歴然さ」。池原さんは避難していた旧集落内のヤギ小屋から、海上を埋め尽くす米軍艦や、それを目がけて低空飛行する特攻隊の姿を目撃していた。家族と村内を逃げ回ったが、4月

日本軍が波打ち際の岩場に構築したトーチカ（中央右側）は遠目からは入り口が分かりづらい

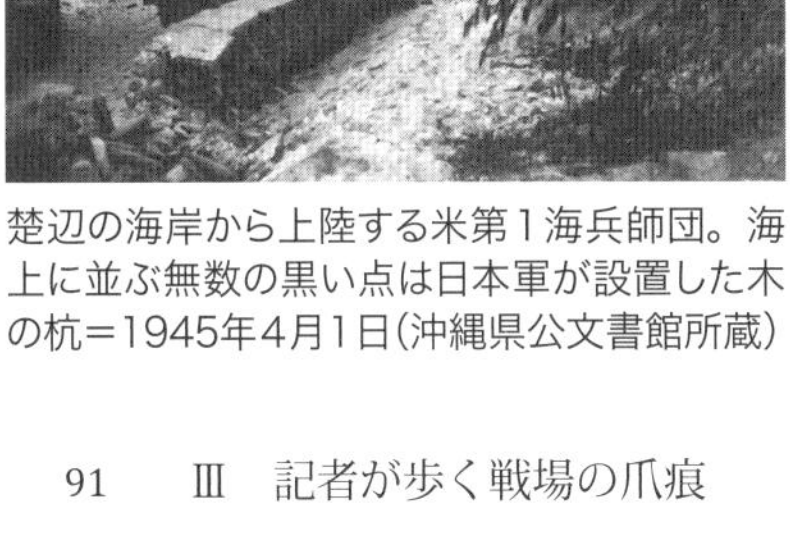

楚辺の海岸から上陸する米第1海兵師団。海上に並ぶ無数の黒い点は日本軍が設置した木の杭＝1945年4月1日（沖縄県公文書館所蔵）

上旬に読谷村伊良皆《いらみな》で米軍に保護された。
「もし米軍上陸時に日本軍がトーチカに残っていたら、読谷はもっと被害を受けていただろう。故郷は奪われたが、命が助かっただけでもありがたい」。池原さんの言葉に、胸が締め付けられた。透き通る海や美しい夕日を背景に、人気の観光地となった読谷村。ただ、踏みしめる一歩一歩には凄惨《せいさん》な歴史が刻まれていること、復興への道を切り開いた先人の底力が横たわることを、決して忘れてはならないと痛感した。

記者の目　沖縄戦の実相語る役割大きい戦跡

沖縄戦で米軍上陸地となった読谷村。これまでチビチリガマや戦後の土地接収などについて調べたことはあったが、今もひっそりと波打ち際に残るトーチカの詳細は初めて学んだ。村にはまだまだ語られていない多くの戦争の爪痕が残っていると実感した。

今回、当時を鮮明に記憶する池原玄夫さんに現場で話を聞くことができ、貴重な経験となった。戦争体験者が減る中で、当時のたたずまいを保ち沖縄戦の実相を語り掛けてくる戦跡の果たす役割は大きい。〝物言わぬ証言者〟を一つでも多く訪れたい。

当銘　千絵／中部支社報道部（2016年入社、37歳）

奉安殿・忠魂碑　沖縄市知花

皇民化教育の象徴

◎案内人
縄田　雅重さん

沖縄市知花、住宅街の間にある芝生の上に、高さ約4メートルの鉄筋コンクリートの建造物がある。戦前、美里国民学校の敷地にあった奉安殿《ほうあんでん》だ。天皇・皇后の御真影《ごしんえい》（写真）を保管していた。正面の扉などの一部を除き、戦前の姿を残している。正面上部に銅製の菊花紋が鈍い光を放つが、下半分は破損している。沖縄戦で銃弾を受けたとみられている。壁面にもいくつかのくぼみがあり、弾痕と考えられている。

沖縄市立郷土博物館の縄田雅重文化財係長は、「この地域で戦闘があったという証言は聞いていないが、弾痕であれば沖縄戦の様相を表すものだ」と語る。

❖中に御真影、通る時は最敬礼

奉安殿の内部の壁は黒く塗られ、今は空っぽだが当時は木製の神棚があったと考えられている。そこに御真影が置かれていたのだろう。当時の学校職員は御真影の厳重な管理が義務付けられ、破損や盗難があると懲戒処分となることもあった。

子どもたちは奉安殿の前を通るときには最敬礼を求められた。祝日や記念日に校長、教頭が白い手袋をして奉安殿の扉を開け、教育勅語《ちょくご》を読み上げげた。扉が開かれている間は頭を上げてはならなかった。『沖縄市史』5巻（戦争編）には当時、小学生だった人々の証言が記録されている。

「教育勅語を読み上げている間は全然見てはいけないよ。みんなウッチントゥーして（こうべを垂れて）、鼻ヒーヒーしながら（鼻水を抑えながら）聞いていたさ」

「前を通る時には礼をする。そうしないと『天皇陛下からバチ当たる』と言われていた」

奉安殿のすぐ近くに忠魂碑《ちゅうこんひ》も残っている。戦地で犠牲になった兵士を顕彰するため、1937年に建造された。これもコンクリート製の頑強な作りで、本体と台座を合わせた高さは約4・5メートル。かつての運動場から見上げる位置にある。日中戦争の時には村から戦死者が出るたび、忠魂碑の前で葬儀が行

奉安殿・忠魂碑

奉安殿は1935年前後に建造され、天皇・皇后の御真影（写真）と教育勅語が保管されていた。忠魂碑は戦死した兵士の魂を顕彰するため、37年に建造された。奉安殿と忠魂碑がそろって現存するのは県内では沖縄市のみ。1997年に沖縄市指定文化財となった。奉安殿・忠魂碑は全国各地にあった。

奉安殿の内部を説明する沖縄市立郷土博物館の縄田雅重さん（左）＝沖縄市知花

奉安殿について説明をする沖縄市立郷土博物館の縄田雅重さん（右）。内部に「ＥＸＩＴ」の英文字が書かれていた＝沖縄市知花

われた。

皇民化教育と、国を挙げて戦争に突入する体制づくりを奉安殿と忠魂碑が支えていた。美里国民学校はその後、日本軍の兵舎として使われ、子どもたちは防空訓練や壕堀り作業に駆り出された。御真影は戦局悪化を受けて各学校から集められ、45年6月に羽地村（現名護市）の大湿帯《おおしったい》で焼却された。

戦後、ＧＨＱ（連合国軍総司令部）が出した「神道指令」により、各地の奉安殿、忠魂碑は破壊された。しかし美里の奉安殿周辺は米軍が接収してキャンプ・ヘーグとなり、共に壊されず現存している。奉安殿は米軍が倉庫として使っていたとも言われ、内側の上部には「ＥＸＩＴ」（出口）と書かれている。

市史に記録されている証言には、空襲や艦砲射撃の中で死体をかき分けて避難した体験談もある。皇民化教育の末路に悲惨な沖縄戦があった。縄田さんは「戦跡は間近で見ると、資料では分からない大きさや威圧感などを肌で感じられる。体験者が減っていく中で重要性は増している」と語った。

記者の目　建造物の威圧感、破滅への道示す

強い日差しの中、欠けた菊花紋は鈍い光を放ち、異様な存在感があった。当時は木造家屋がほとんどだが奉安殿は鉄筋コンクリートで造られた。忠魂碑も大きな砲弾の形をしており、見上げる高さにある。

あがめる人々はもういないが、建造物だけでも威圧感が伝わってきた。終戦まで続いた数十年間の皇民化教育を象徴している。

戦争は突然起こるわけではない。破滅への道のりを示す遺物として、現在の世相を重ねて見ずにはおれなかった。

宮城　隆尋／中部支社報道部（２００４年入社、39歳）

前田高地　浦添市前田

険しい崖巡る激戦地

◎案内人　古波蔵　豊さん

浦添《うらそえ》の街が一望できる浦添城址がある前田高地は、1945年4月25日から5月6日まで、日本軍と米軍の激しい戦闘が繰り広げられた。2016年公開の米映画「ハクソー・リッジ」はその戦闘を描いている。うらおそい歴史ガイド友の会の古波蔵豊さん（71歳）の案内で前田高地を訪れた。

映画では米兵が縄ばしごを掛け、よじ登ってきた崖を見下ろす。緑が生い茂り、分かりづらいがほとんど垂直のように見える。映画はオーストラリアで撮影したそうだが、実際の風景によく似ており、リアルに作られていると感じた。日本軍はここで待ち構え、登ってきた米兵と戦闘を繰り返したという。

日米両軍の激戦が続き、米軍から「ハクソー・リッジ」と名付けられた前田高地について説明する古波蔵豊さん＝浦添市前田

「米軍の資料によると、日本軍は推定3千人が戦死したそうです。米兵も８００人のうち３２４人しか生き残らなかった」と古波蔵さん。目を閉じ、当時の様子を想像してみた。75年前、ここで血みどろの死闘が繰り広げられていた。敵も味方もない地獄。胸が締め付けられた。

一方、映画に住民の姿は描かれていない。前田高地の周囲には住民が避難した壕が点在している。南側にある「クチグヮーガマ」を訪ねた。

２０１７年8月16日付の琉球新報には家族や親類とガマに避難した、沖縄戦当時13歳の女性の証言が掲載されている。

〈「ドーン」という爆音とともに地響きがした。爆風がガマの中まで吹き込み、見上げると、壕の天井に人間の肉片がこびりついていた。「近くにいた日本兵のものなのか、住民のものか分からないが『地獄とはこんなものなのか』と思った」〉

落盤の危険があり中に入れない。入り口から中をのぞいたが暗くて見えない。爆音が響く暗闇の中、身を寄せ合う家族に思いをはせた。記事の中で、女性は映画について「見る気はしない。思い出したくない」と話している。70年以上たってもぬぐい去れない恐怖。沖縄戦の傷は今も暗い影を落としている。

❖住民の半数超が犠牲に

『浦添市史』によると、沖縄戦で前田は住民934人中549人、仲間は503人中278人、安波茶は209人中134人が亡くなった。浦添城跡南側には日本軍の陣地壕があった。

「日本軍が守ってくれる、と信じて逃げ遅れた人がたくさんいたのでは」――古波蔵さんはそう推測する。

日本軍は前田高地から撤退後、通称「シュガーローフ」と呼ばれた高地がある那覇市おもろまち一帯などでも激戦を繰り広げた。首里城地下にあった第32軍司令部壕を5月下旬に放棄して南部に撤退し、軍民混在の泥沼の戦いとなった。

前田高地の戦闘に参加した、沖縄学の第一人者だった外間守善氏

現在の前田小学校付近。激戦地となった前田高地を奪取し、首里へ前進する米兵＝1945年（沖縄県公文書館提供）

前田高地

現在の浦添城跡を含む、前田集落の北側に広がる標高約120メートルの高地。沖縄戦で、首里に置かれた第32軍司令部を守るため日本軍が防衛線を張り、西海岸から上陸し進攻してきた米軍と激戦となった。米軍はのこぎりで切ったような崖とし「ハクソー・リッジ」と呼んだ。

（1924～2012年）は、「嘉数高地、前田高地、せめて首里高地で軍司令部が玉砕か降伏していればあれほど多くの非戦闘員である沖縄県民を巻き添えにせずにすんだのだ」（『私の沖縄戦記　前田高地・六十年目の証言』）と振り返る。

沖縄戦は無人の荒野で行われたわけではなく、その周囲で暮らすたくさんの人たちがいて、その人たちから全てを奪った。そのことを忘れてはいけない。

そんな当たり前のことを痛感させられた。

記者の目　映画に描かれなかった住民犠牲

今回、映画「ハクソー・リッジ」を見直してから現地へ行った。映画は圧倒的な映像と音響で壮絶な戦場をリアルに描いているように感じた。そのせいか、現地でも75年前の戦闘を現実感を持って感じることができた。

ただ現場で話を聞くと、映画では描かれなかった住民の犠牲に気付かされた。

証言者が減る中、映像やVR（仮想現実）を用いて追体験する手法は増えていくだろう。しかし現実に目の前にある戦争の悲惨さを語る戦跡の強みは、それらをはるかに上回ると感じた。

荒井　良平／南部報道部（2004年入社、38歳）

与那城監視哨跡　うるま市屋慶名

10代若者が24時間の監視任務

◎案内人
森根　昇さん

うるま市屋慶名《やけな》の与那城《よなしろ》郵便局から小道に入ると、うっそうと生い茂った丘が見えてくる。地元では通称「イシマシムイの丘」と呼ばれている。入り口に掲げられる「与那城監視哨跡《かんししょうあと》」の看板。「到着まで80メートル」の文字。舗装されていない急な上り坂を先へ進み、目的地に向かう。

丘を登り切った所に、古びた正八角形のコンクリート製の建造物が現れた。丘の上からは平安座《へんざ》島や海中道路が見え、その先には太平洋が広がっている。

辺り一帯を監視するには絶好の場所だったに違いない。

与那城監視哨跡は、入り口以外の七つの壁にそれぞれ大きな窓枠があり、四方が見渡せる構造となっている。屋慶名在住で、沖縄市平和ガイドネッ

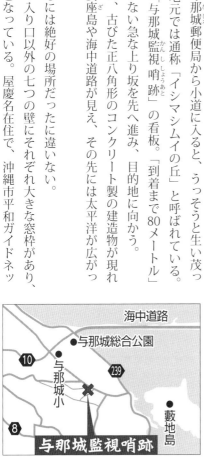

トワークの森根昇さん（79歳）は八角形の形状について、「八紘一宇《はっこういちう》（日本の海外進出を正当化する戦時中のスローガン）の思想に基づいているのではないか」と推測するが、本当の理由は分かっていない。

うるま市教育委員会の案内板によると、与那城監視哨は戦時中、戦闘機を早期に見つけ、敵か味方かを判断し防空機関に知らせる施設として使用されたという。１９３８年ごろ建てられたが、コンクリート製になったのは１９４３年。太平洋戦争が激しさを増す中、徐々に忍び寄る戦争に備え、県内でも防衛体制を強化したことがうかがえる。

森根さんは「14～18歳の若者が24時間体制で監視員として任務に当たった。６人一組となり、監視役、電話係に２人ずつ配置され、残り２人は休憩を取った」と話す。

与那城監視哨跡

戦時中、戦闘機を早期に見つけ、敵か味方かを判断し防空機関に知らせる施設として使用された。哨内には当時、電話機や双眼鏡、方位板などが置かれていた。24時間３交代制で、約20人が監視に当たっていた。

❖ 10・10空襲を通報、今も残る弾痕

１９４４年10月10日、那覇を中心に沖縄各地が空襲に遭った10・10空襲の時、米軍機襲来の情報を最初にキャッチし、日本軍に知らせたのが与那城監視哨だった。しかし日本軍は真面目に取り合わず、結果的に沖縄は甚大な被害を受けることになった。

米軍機からの攻撃で壁面にできた弾痕を、指し示す森根昇さん＝うるま市与那城屋慶名

監視哨には10・10空襲の際の弾痕が計27カ所、壁面のあちらこちらに残っている。中には、側壁を貫通している弾痕もある。幸いにも死傷者は出なかった。建物が半地下構造になっているため、うまく身を隠して難を逃れられたのかもしれない。

米軍が本島に上陸する直前の45年3月下旬、与那城監視哨は閉鎖された。終戦後は地域の子どもの遊び場になっていたそうだが、今では立ち寄る人はほとんどいない。忘れ去られたように、丘の上でただ、たたずんでいる。しかし決して消えることのない弾痕が、戦争の風化にあらがっているように見える。

取材終了間際、米軍機の飛行音が聞こえてきた。当時の監視員らも米軍機の音を聞いたのだろう。あの時と似た光景が今も続いていることに改めて気付き、はっとした。10・10空襲時、圧倒的な戦力で空を覆った無数の戦闘機。弾痕と飛行音。

地上戦が起きる前に、現在に至る米軍の支配構造を暗示していたように思えてならない。

14〜18歳の監視員ら。うち1人は10・10空襲時、太平洋から襲来する米軍機に気付き、一報を入れたとされる（1944年ごろ撮影。森根昇さん提供）

記者の目　人知れず残る存在を伝えたい

取材前、与那城監視哨跡について琉球新報で過去に掲載された記事を探してみたが、どれだけさかのぼっても1件しか出てこなかった。地元の人以外にはあまり知られていないに違いない。人知れず残された戦跡の存在を伝えたかった。

10・10空襲時のエピソードが興味深い。あの時、日本軍が与那城監視哨から届いた情報を真面目に取り合っていたら、歴史は変わっていたのかもしれない。

太平洋から押し寄せてくる米軍機を見て、若い監視員らは何を思っただろう。76年後に生きる私は、同じ空を今も飛び交う米軍機を見て、日常と化したこの光景がいつまで続くのか考えずにはいられなかった。

砂川　博範／中部支社報道部（2018年入社、33歳）

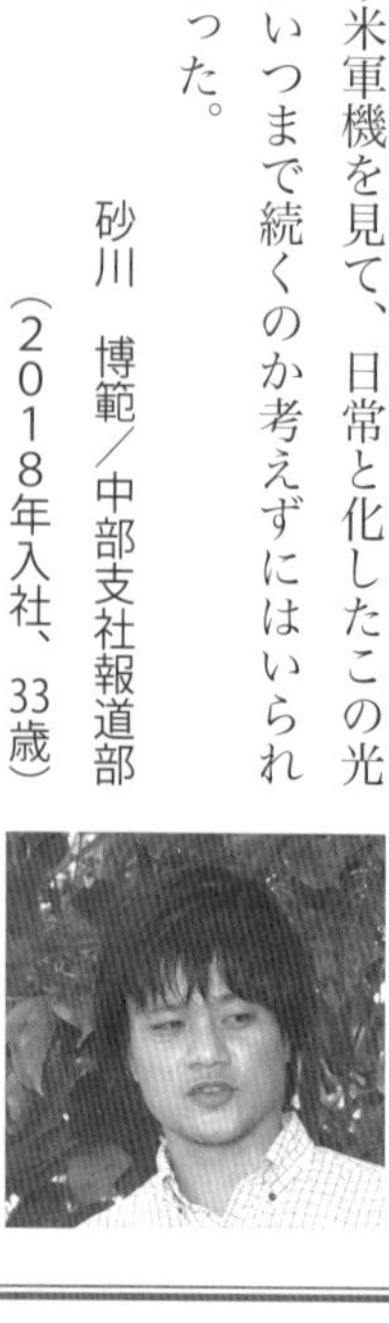

公益質屋跡、アハシャガマ・伊江村

壁の大穴が「激戦」を語る

◎案内人
玉榮 飛道さん

伊江港から歩いて20分ほど坂を上ると、町並みに溶け込んでいない異質な建造物が見えてくる。東《ひがし》江《え》上《うえ》にある「公益質屋跡」の2階の壁は大きく穴があき、外壁一面に弾痕が生々しく残っている。すぐそばには公民館や住宅が並ぶ。コンクリートむき出しの無機質な空間は、まるでそこだけ時が止まってしまったかのように感じる。

伊江島の位置や平たんな地形は飛行場としての適地とされ、陸軍航空本部は１９４３年から飛行場建設に着手した。米軍も日本本土を攻略するための前進基地として注目していた。伊江島への大規模な上陸作戦は、１９４５年４月16日に始まった。

『伊江村史』（伊江村役場発行）によると、一発で一つの池ができるほど

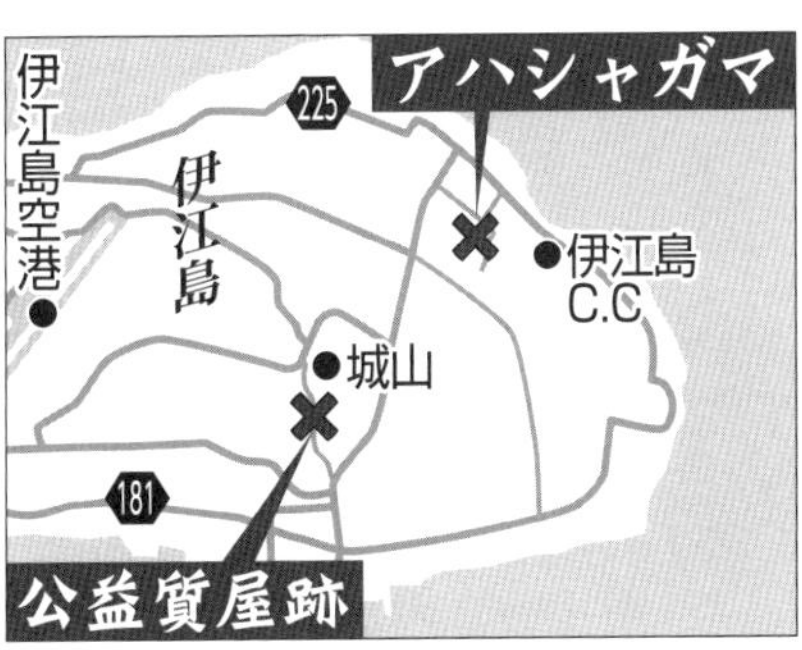

沖縄戦の激しい戦闘を物語る「公益質屋跡」の前で、解説をする伊江村教育委員会の玉榮飛道さん＝伊江村字東江上

の破壊力を持った艦砲射撃が、1平方メートル当たり一弾の密度で降りそそいだという。樹木は吹き飛ばされ、岩石や赤土がむき出しになった。米軍は南岸から進軍したため、質屋の正面側（南側）は背面側よりも大きく破壊されている。日本軍との戦力差がどれだけあったか、一目瞭然だ。

1929年に村営の金融機関として設立された。法外の利子を取る民間の質屋と比べ、公益を目的とする公営質屋は村民をどれだけ救ってきたのだろうか。戦後は村内の建物のほとんどが破壊されたが、かろうじて残った質屋の建物は一時的に、中学校の教室として使用され、重宝した。

現在はすぐ横に中央公民館が建っている。夏休み中は宿題を手にした子どもたちが訪れたり、島外からの修学旅行生が催し物を披露したりしてにぎわっている。子どもたちの目には奇妙な存在に映るだろう。穴だらけの建物は無言で平和を訴え続けている。

❖「集団自決」、慰霊の念やまず

伊江港から北東に2キロほど進むと、海の近くに大きなゴルフ場が見えてくる。「ナイスパー」「いいねー」。青々とした芝生の上で、ゴルフを楽しむ男性たちの声が聞こえる。ゴルフ場のフェンスを隔てて数メートルそばの茂みに、ぽっかりと大きな穴が開いていた。避難壕「アハシャガマ」は、「集団自決」（強制集団死）により多くの人が亡くなった場所だ。

多くの人が犠牲となった「アハシャガマ」。現在は落石の危険性から立ち入り禁止となっている

奥行きは約20メートル、広さ100平方メートル。約180人が身を潜め、すし詰め状態だったとされる。『証言・資料集成　伊江島の戦中・戦後体験記録』（伊江村教育委員会）によると、「捕虜にされたら身体を一寸切りにされると聞かされていたので、自決するのは当たり前だと思っていた」「ごはんを食べていないので、泣くにも泣けない」「水をほしがって、子どもは血を吐いた」と記されている。敵に捕まる前に死んだ方が良いと教え込まれていた。

壕の中で家族ごとに並び「捕虜になるぐらいなら」と4月22日ごろ、人々は持ち込んだ爆雷を爆発させた。生き残ったのはわずか20人ほど。口を閉ざしていた生存者が勇気を振り絞って壕の悲劇を伝え、１９７２年に遺骨が収集された。

日差しは痛いほど照り付けている。人々はこの中で、来る日も来る日も死の恐怖と闘い続けたのだろう。入り口にある柵をつかみ「もう大丈夫ですよ。ゆっくり休んでください」と心の中で、願い続けるしかなかった。

「戦争体験者の声を聞くことが日に日に難しくなってきている。次世代にどう残すか。考え続けなければならない」と、伊江村教育委員会の玉榮飛道《たかみち》さん（35歳）は、継承の課題に向き合っている。

記者の目　戦争の実像伝え風化させない

戦争の被害を後世に伝えるべく、文化財に指定された「公益質屋跡」は2度の補強工事が行われ、鉄骨を入れながらなんとか建っている。「アハシャガマ」は近年、劣化が進み、落石の危険性が出たため立ち入り禁止となった。

人に寿命があるように、形あるものはいつかなくなってしまう。戦争体験者同様、戦場の爪痕もいつかはなくなってしまうのかもしれない。戦争の記憶を風化させないよう、さまざまな方法で実像を伝える大切さを改めて感じた。

喜屋武　研伍／北部支社報道部（２０１８年入社、28歳）

伊江村民収容地跡　名護市久志

飢えと闘い帰郷待つ

◎案内人　山城　利正さん

伊江村民収容地跡記念碑は、名護市久志《くし》の久志浄水場の北側に建っている。一帯は１９４５年９月から47年３月にかけて、米軍が指定した伊江村民向けの収容地だった。５歳で収容地暮らしを経験した名護市宮里の山城利正さん（80歳）の案内で跡地を歩いた。

45年４月16日、米軍は伊江島に上陸し、５日後の21日には伊江島を占領した。日本軍は女性を含む住民も戦闘に動員、島の避難壕のガマでは「集団自決」（強制集団死）が起こった。『伊江村史』によると、日本軍の死者は約２千人、住民は約１５００人と推定される。戦闘が終わっても伊江村民の受難は続いた。

『証言・資料集成　伊江島の戦中・戦後体験記録』（伊江村教育委員会）

大浦崎収容地区（名護市辺野古の現・米軍キャンプ・シュワブ）とみられる場所で生活する住民ら＝1945年7月8日（沖縄県公文書館所蔵）

によると、米軍は渡嘉敷島と慶留間《げるま》島に約２１００人の伊江村民を強制移動し、大浦崎収容地区には３２００人を送った。帰島許可が下りる１９４７年３月まで、それぞれ島外での暮らしを余儀なくされた。

収容地にいた本部町、今帰仁《なきじん》村の住民は帰郷する中、45年9月、伊江村民は大浦崎から久志集落の杣山《そまやま》（集落民が生活用の資材を調達する山）一帯へ移動させられた。46年に伊江村出身の本土からの引き揚げ者ら約千人が合流し、４２００人の大所帯となった。

❖マラリアで亡くなった人も

収容地跡には現在、木が生い茂っている。碑から北東に歩くと少し開けた原っぱに出た。建物はすでに無く、かろうじて残る未舗装の道路が当時の様子をわずかに忍ばせる。「かや葺《ぶ》きの長屋が並んでいた」と山城さん。『伊江村史』によると伊江島の人たちで造った長屋一棟に6～8家族、20～30人が暮らした。山城さんは「戦争で精神に異常を来し大声で叫ぶ人がいたり、マラリアで亡くなったりする人も多かった」と証言する。

ノミやシラミに悩まされ、食糧も乏しく、集落の畑からイモを盗んだり、遠く羽地（現名護市）まで食糧調達に行ったりする人もいた。機械用の重油で天ぷらを揚げ、嘔吐《おうと》しつつ食べたこともあったという。

山城さんの長兄・正四さん（当時20歳か21歳）は戦艦大和の護衛艦に乗船し、撃沈された。遺骨らしきものを友人が届けてくれたが、収容地内で発生した大火で燃えてしまった。母は「正四は二度焼き殺された」と号泣したという。高齢の祖母の面倒を見るため島に残った長姉の正子さん（当時22歳）は、伊江島のサンザタ壕で「集団自決」（強制集団死）に追い込まれ、祖母も爆弾で命を落とした。

家族3人を失った山城さん。「母の嘆きは今も耳から離れない。優しかった姉の最期も真実が分からない」と言葉を途切らせた。

かやぶき長屋が建ち並んでいたという収容地跡で当時の様子を語る山城利正さん＝名護市久志

記念碑は1997年、収容地の東にあった学校入り口跡に建立されたが、戦後70年を経て2017年、生活跡地に移された＝名護市久志

一方で「(収容地暮らしを)不幸とは感じなかった。子ども同士、川でエビを取ったり楽しく遊んだものだよ」と笑った。

セミの声が周囲を包む。ここで人々は家族を思い、飢えと闘いながら帰郷の日を待った。生きるため、子を養うため必死だっただろう。戦争の残酷さと裏腹に生き抜く人間の強さを感じた。

伊江村民の離散

伊江村民約6800人のうち、4千人近くは疎開できないまま1945年4月16日の米軍上陸を迎えた。伊江島で生き延びた村民約2100人を45年5月、米軍は渡嘉敷島と慶留間島に強制的に移送した。疎開などで島外にいた村民は、大浦崎収容地区を経て久志に収容された。

記者の目

基地問題の原点が沖縄戦と実感

長男を失った山城さんの母の嘆き、姉の「集団自決」を山城さんが大学生になって初めて知らされたことなどを聞き、受け入れ難い現実の中で生きるしかなかった人の心はどんなものだったろうと考えさせられた。と同時に元気な子どもの姿が、大人たちに生きる力を与えただろうと想像した。

伊江島は戦後もLCT爆発事故、土地接収、そして土地闘争と米軍に翻弄《ほんろう》されてきた。今も島民は訓練による騒音や落下物に我慢を強いられている。沖縄の基地問題の原点に沖縄戦があることを実感した。

岩切　美穂／北部支社報道部
(2019年入社、42歳)

コージガマ　恩納村

狭い空間に身を寄せ避難

◎案内人
徳村　博文さん、瀬戸　隆博さん

恩納村《おんなそん》真栄田《まえだ》の宇加地《うかじ》は、1945年4月1日に米軍が上陸した読谷村の海岸から北東に約3キロ離れた所にある。沖縄戦当時、住民の命を救った自然壕が「コージガマ」だった。岩山にあるガマに至る道は数年前、区民らが見学者のために枕木などを使って山道を整備した。「ふもとからガマに至るルートは当時と同じだ」と取材に同行してくれた徳村博文区長(64歳)が解説する。

道は険しく、パイプ製の手すりを頼りに百数十メートルを登ると、岩肌にぽっかりと開いたガマの入り口が見える。幅約3メートルの入り口からは、琉球石灰岩のごつごつした岩肌に包まれた自然洞穴が姿を現す。取材した日の最高気温は31度。真夏日の太陽が照り付ける外と打って変わって

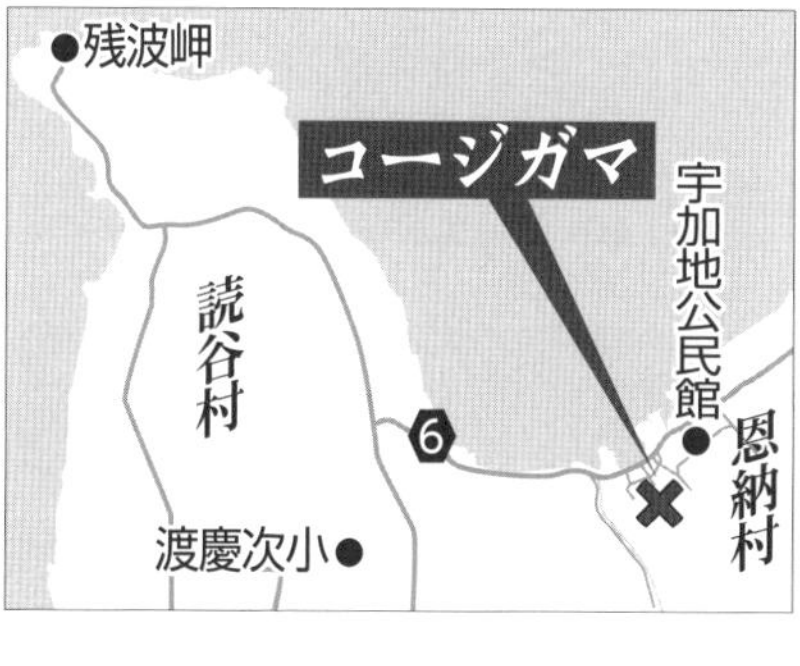

コージガマを案内する徳村博文さん（中央）、瀬戸隆博さん（左）と塚崎昇平記者＝恩納村真栄田

ガマの中はひんやりとした空気が流れていた。

入り口付近は身長175センチの記者でもかがまずに立つことができた。しかし奥に進むにつれ土砂が堆積し、かがまないと進めなくなる。ガマの中は複数の空間に分かれているが、最も奥まったところでも奥行きは15メートルほど。幅も最大で5メートル程度だ。このガマに最大で約100人が避難したという。すし詰め状態だったことがうかがえる。

証言や『宇加地公民館記念誌』（2003年発行）などによると、コージガマは酒造りや保管場所として使われていたと伝えられる。1944年10月の10・10空襲に前後して、周辺住民らが避難場所として使い始めた。区民だけでなく中南部からの避難民も身を寄せたが、中心はお年寄りや女性、子どもだった。

米軍の本島上陸地点からは目と鼻の先で米軍は上陸後1～2日で宇加地に到達したとみられる。村史編さん係の瀬戸隆博さん（52歳）は「恩納村のガマでも米軍に見つかったのは最も早い時期ではないか」と語る。

❖無抵抗の住民は命をつなぐ

ガマの当時の様子を知る友寄良善さん（88歳）から話を聞くことができた。数年前まで友寄さんも平和学習などの際にはガマまで登り、当時の状況を説明していたという。

友寄さんは鮮明な記憶を語った。

米軍にガマが見つけられたのは45年4月上旬だ。一組の親子が外に出たのをきっかけに、ガマに避難していた約80人が米軍に保護された。友寄さんは「（米兵に）殺される」と思いながらガマを出たが、「米兵が住民を（ガマから）下ろしてあげていた様子をよく覚えている」と語る。

「鬼畜」と教えられてきた米兵に助けられた驚きは大きかったという。

上陸してきた米兵たちと戦おうと、ガマには竹やりも準備されていたが、住民たちが竹やりを米兵に向けることはな

体験を語る友寄良善さん

かった。

友寄さんは「お年寄りと女性と子どもしかいなかったからでは」と推測する。「若い人は兵隊に行っており（米軍に）抵抗するという話にならなかった。（抵抗を）やってたら死んでいたはずだ」。力を込めて語る友寄さんの言葉は、武器に武器で向き合わないことが住民の命を救ったことを教えてくれた。

記者の目　何が命を救ったのか、暗闇の中で考える

ガマの中で避難生活を想像した。暗い洞窟の中で身を寄せ合い、艦砲射撃に耐え続けたのだろう。その中で「鬼畜」と教えられてきた米軍に投降する恐怖感は想像に余りある。

「集団自決」（強制集団死）が起きた読谷村のチビチリガマなど、沖縄戦下のガマはしばしば悲劇の舞台として記憶される。コージガマも少し状況が違っていれば、米軍に攻撃されたり、「集団自決」が起きたりしたかもしれない。沖縄県民はわずかな差で命が奪われたり、助かったりした。そんな状況は二度と生み出してはいけないと強く思った。

塚崎　昇平／北部支社報道部（2016年入社、28歳）

名蔵白水の戦争遺跡群　石垣市

軍命による避難で住民犠牲に

◎案内人　松島　昭司さん

石垣島の中央部にそびえる県内最高峰・於茂登《おもと》岳の西方に位置する白水《しらみず》は、太平洋戦争中、石垣町（当時）字登野城《とのしろ》、大川住民の指定避難地とされた場所だ。森林がうっそうと広がり、川が流れるこの地では当時、マラリアがまん延し、日本軍に避難を命じられた多くの住民の命を奪った。

石垣市から許可を取り、市文化財審議会委員で戦跡ガイドを務める松島昭司さん（70歳）と２０２０年６月20日、白水に入った。舗装されていない小道を歩くと、両脇には植物が生い茂り、頭上に響く鳥のさえずりが自然の豊かさを感じさせる。道の途中に流れる浅い川を渡る時の水の冷たさが、６月の日差しには心地良い。

しばらく歩くと、道の右手に割れた古い食器が散乱していた。75年前に

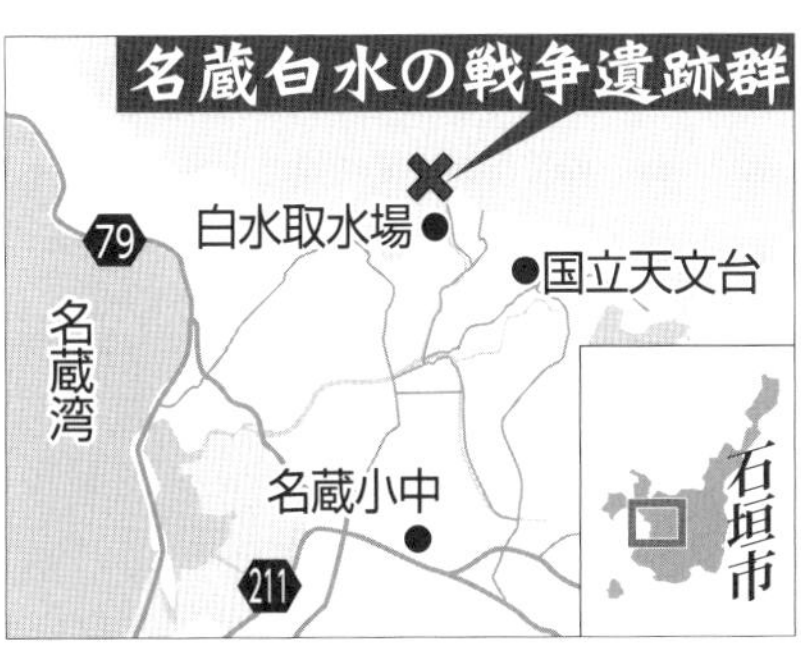

住民が使用したものだという。少し大きめの石を4、5個並べて作られた簡易なかまどの跡も残る。当時、白水には簡素な避難小屋が設置され、そこで住民は生活したという。松島さんの説明で避難小屋が建っていたと思われる場所に目をやると、シダに覆われていてその面影はない。

❖避難指定の山はマラリアまん延

1945年6月1日、石垣島に駐屯していた日本軍は米軍の上陸を想定し、各字住民に対して10日までに山中の指定地に避難するよう命令を下した。10日付の「甲号戦備」（臨戦態勢）が解除される7月23日まで、命令は効力を発揮した。

松島さんによると、軍命は日本軍の食糧不足解消や、米軍が上陸した場合の情報漏えい対策を図る目的だったとの説がある。

40日余りの生活の中で多くの住民が、蚊を媒介して感染するマラリアに罹患《りかん》した。避難小屋では何枚毛布をかけても、「寒い、寒い」との声が響いたという。いわゆる「戦争マラリア」によって、白水に避難した登野城、大川住民だけで859人が死亡した。石垣島全体では2496人、八重山全体では3647人がマラリアの犠牲となった。

名蔵白水の戦争遺跡群

戦時中の石垣町字登野城・大川住民の指定避難地で、多くのマラリア罹患者が発生した。住民生活の跡が残るほか、L字型の塹壕《さんごう》なども確認できる。日本軍部隊も駐屯し、慰安所もあったとされる。2009年3月30日に石垣市指定史跡となった。

マラリアで寝込む人が多く出た白水の避難小屋の様子を描いた絵
（作者の潮平正道さん提供）

松島さんは「子どもたちも最初は水遊びを楽しんだかもしれないね」と、白水の避難地のすぐ近くを流れる名蔵川の支流・白水川を見詰めた。
　住民避難地から山に向けて上りの傾斜がかかった道を進むと、道が崖に突き当たる付近に、二つの壕がある。身長１７５センチの記者の頭がすれすれの真っ暗な壕にライトを照らすと、奥行きは十数メートル程度だと分かる。幅は2メートルほどだ。

御真影が安置された白水の八重山支庁の壕跡を案内する松島昭司さん＝石垣市名蔵

カグラコウモリが羽を休めるこの二つの壕は当時の八重山支庁が設置したもので、奥の壕には天皇・皇后の写真「御真影」が移送されてきたという。

軍命によって森に避難し、命を落とした住民と、壕を掘ってまで守ろうとした写真。対照的な構図が同居する白水に、戦争に突き進んだかつてのこの国の姿が映し出されているように見えた。

避難住民が使った食器類が散乱する白水のかまど跡を案内する松島昭司さん

記者の目

罹患の恐怖を森の中で実感

白水で取材したのは2020年6月20日。75年前のちょうどこの時期には、多くの住民が強制避難させられたこの地で昼夜を過ごし、おそらくマラリアに罹患する住民も出始めていた時期だと思う。自分がいつ罹患するかも分からない恐怖とも闘っていただろう。

うっそうとした森林地帯でそんな光景を想像すると、いかに自分が平和な時を過ごしているのかが改めて実感できた。だからこそ軍命だからと従わざるを得なかった時代に戻らないため、自分には何ができるか考え続けなければいけないと思った。

大嶺　雅俊／八重山支局長
（2009年入社、33歳）

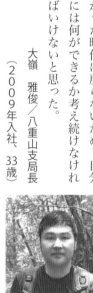

ヌーザランミ特攻艇秘匿壕　宮古島市

兵士自らの「棺おけ」格納

◎案内人　久貝　春陽さん

足元を懐中電灯で照らすと、何かを引きずった跡が残る。戦後75年がたった今も残るその跡は、特攻艇という名の自らの「棺おけ」を日本兵たちが壕内へと秘匿、格納した跡だ。約束された死が迫り来る兵士たちの不安と恐怖、覚悟がこの運搬跡に刻まれているような気がした。

宮古島の北部、宮古島市狩俣集落にある「ヌーザランミ特攻艇秘匿壕（海軍特攻艇格納秘匿壕）」は、市指定文化財の戦争遺跡の一つ。宮古ブルーと呼ばれる海の美しさを目当てに多くの観光客が訪れる行楽地、宮古島海中公園に隣接する。パパイヤやアダンが茂る丘陵地に掘られた壕は外から見ても分からない。「ここが入り口です」。宮古島市教育委員会文化財係の久貝春陽《はるお》主事が指し示す先に、高さ約2・5メートル、横約3・5メートル

ヌーザランミ特攻艇秘匿壕の壕口で解説する宮古島市教育委員会文化財係の久貝春陽主事＝宮古島市狩俣

の壕口がぽっかりと空いていた。

戦中、日本軍は米軍の上陸を想定し、宮古島に約3万人もの将兵を配備した。海岸線に水際陣地や特攻艇秘匿壕、海軍砲台などを構築して兵力を集中させ、一挙に敵軍を壊滅させる水際作戦を遂行した。米軍は上陸せず地上戦がなかったため、軍事施設の多くが破壊されず島内各地に残る。

❖米軍上陸に備え出撃訓練

久貝さんによると、ヌーザランミ秘匿壕は海軍第313設営隊が構築し、1945年3月1日から第41震洋隊（八木部隊）約180人が配置された。「ここには41艇の特攻艇が格納されていました。出撃訓練を重ねていたようですが、米軍上陸がなかったため出撃していません」と解説する。

壕口は北側四つ、西側二つの計六つあり、内部でつながっている。総延長は約３００メートルで、一部を除き、ほとんど崩れていない。天井の高さも一定しており窮屈感はない。内部には掘削のため爆薬を詰めた穴なども確認できる。

八光湾に面した西側の壕口に残る特攻艇の運搬レール跡を指先でなぞってみる。このレールの行く先に待ち受けるのは死だ。日本軍に特攻艇乗組員として命そのものを兵器にされてしまった兵士は、薄暗い壕の中で何を思って過ごしていたのだろう。戦勝より父母や妻子、愛する人の幸せを祈っていたのではないか。

「こんなところで生活したくないし、させたくない」。島内の戦争遺跡の調査を進める久貝さんは壕跡

壕内に残る大量のアフリカマイマイなどカタツムリの殻＝宮古島市狩俣

沖縄本島でみつかった日本軍の特攻艇（沖縄県公文書館所蔵）

特攻艇

爆弾を積んだまま米軍戦艦に兵士もろとも体当たりして自爆する兵器。陸軍水上特攻艇「四式肉薄攻撃艇マルレ」と海軍水上特攻艇「震洋」があった。ともにベニヤ製で250キロの爆弾を積載していた。マルレは当初、爆弾投下後に離脱する考えで開発されたため船体後部に爆弾を積んでいた。

一方、震洋は初めから自爆目的で設計されており、船首内部に爆弾を積んでいた。実際の戦闘では敵船に肉薄することも難しく、ほとんど戦果は得られず、多くの兵士が命を失った。

に来ると実感する。住民は空襲が始まると避難壕に隠れた。ごう音におびえながら息を殺した。「壕に入ると誰もが当時の住民の不安と恐怖を肌で感じ、戦争してはいけないと強く実感すると思います」

壕内を歩いていると、ふいに足元からじゃりじゃりと音がなった。「カタツムリの殻ですよ」と久貝さんが笑う。地面には大量の殻が散乱していた。戦後の食糧難の中、住民が食べるためにアフリカマイマイなどカタツムリの養殖にこの壕を利用していたという。

死地に向かう兵士が過ごした壕は、戦後、住民が未来へと向かう活力を育てる場所へと変貌した。数え切れないカタツムリの殻に戦火を生き抜いた島の人々のたくましさが見えた気がした。

記者の目

物言わぬ語り部、〝戦世〟生々しく

同行していただいた久貝春陽さんによると司令部壕や特攻艇秘匿壕、住民避難壕など島内の戦争遺跡は約１３０カ所。うち約40カ所はすでに開発などで取り壊された。弾痕や遺品、煮炊きした跡。県内のそこかしこにある戦争遺跡は〝戦世〟を生々しく伝える「物言わぬ語り部」だと実感した。

戦後75年がたち、県民の9割が戦争を知らない世代になった。戦跡の維持費をどうするのか、誰が管理するのか。乗り越えないといけない課題は多い。物言わぬ語り部を後世に一つでも多く残せるよう新聞に何ができるか考えたい。

佐野　真慈／宮古支局長
（２０１２年入社、37歳）

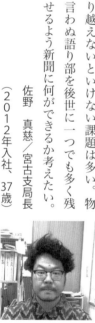

ヌヌマチガマ　八重瀬町新城

全長500メートル、白梅学徒が看護

◎案内人
松永　光雄さん

2020年6月上旬、照りつける太陽の下、野菜畑が広がる八重瀬町新《あら》城《ぐすく》ののどかな場所にあるヌヌマチガマを訪れた。八重瀬町在住で、沖縄鍾乳洞協会理事や平和ガイドを務める松永光雄さん（66歳）が案内してくれた。ヘッドライトを装着したヘルメットをかぶり首にはカメラ、手にはノートとペンを持った。駐車場の一角にあるフェンスの扉を開け階段を下りていくと暗いガマの入り口が現れた。一瞬、たじろいでしまうくらいガマは特異な空気に包まれていた。

琉球石灰岩でできた全長約500メートルの自然洞窟だ。ライトをつけてまず左右に分かれている入り口を、右側に進んだ。足元はぬかるんでいる。黄土色で粘土状の土が靴底にねっとりとまとわり付く。

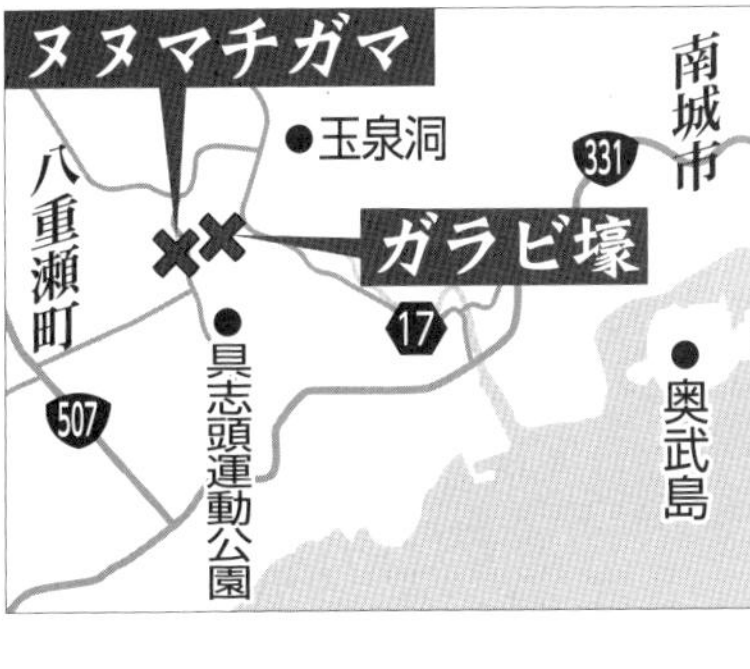

戦時中使用され、赤さびた状態で残ったくわやつるはしを指差す松永光雄さん＝八重瀬町新城のヌヌマチガマ

突然、松永さんが天井を指さした。「黒いでしょ」。顔を上げると、黒く焼け焦げた跡があった。「戦時中、かまどを使っていた場所。すすの跡で黒くなっている」と説明する。当時の痕跡に触れ、75年という時間が少し縮まった気がした。

ヌヌマチガマは1945年4月下旬、第24師団第一野戦病院の新城分院として使われた。6月3日に病院が閉鎖されるまで使用された。東側にはガラビ壕と呼ばれる壕があり、中でつながっている。

❖朝鮮人「軍夫」「慰安婦」も

『沖縄県史各論編第6巻　沖縄戦』によると、戦時中、ガマには軍医、看護師、衛生兵がおり朝鮮人「軍夫」や「慰安婦」もいたとされる。白梅学徒隊の女学生5人が動員され、炊き出しや洗濯、負傷兵などの対応に追われた。次々に運ばれてくる傷病兵が、多い時で千人以上いたという。

『沖縄戦の全女子学徒隊』（青春を語る会編）には当時、新城分院に白梅学徒だった仲地政子さん（旧姓・崎間）の証言がある。「一日に何十人と送られて来る患者の数。目まぐるしい忙しさ。負傷者の呻《うめ》き声。『こら、俺は1週間も包帯交換をしていないぞ。お前達は何をしているんだ』と怒鳴り散らす将校患者。『看護婦さん水をください』と、か細い声で哀れみを訴える人」

　仲地さんは睡眠不足と衰弱しきった体で駆けずり回ったという。

　多湿のガマの中。気がつけば首筋や背中からじっとりと汗が噴き出していた。入り口から数十メートル進み、ライトの明かりを消してみた。暗闇が広がる。1メートル離れた隣にいる松永さんの姿も見えなかった。

　来た道を引き返し左側の入り口に進んだ。天井から光が差す場所には、当時のつるはしやくわが壁にもたれ、赤茶色にさびて残っていた。注射に使う薬品が入ったままのアンプルなどの医療器具もあった。歩け

ガマの中には茶碗のかけらや中に薬品が入ったままのアンプル（中央）やバイアル（右から2番目）などの医療器具も残っていた＝八重瀬町新城のヌヌマチガマ

ない患者はここに取り残され、青酸カリの入った水を飲まされ、注射を打たれ、または銃殺されるなどして500人ほどが絶命したという。

当時のおぞましさを想像した。汗がさらに噴き出してきた。思考が整理できないままガマを出た。白いノートが手に付いた汗と土でにじみ、黄土色になっていた。文字だけではない現場の記録となった。

松永さんは「現場を見た人が勇気を持って話し合うこと。それが平和への第一歩だよ」と語り掛けた。

記者の目　**記録をどう残す、問われる気概**

ヌヌマチガマは暗く蒸し暑かった。千人以上がひしめき合っていた当時を想像すると、息苦しくなった。沖縄戦体験者の証言を直接聞ける機会はいつか必ず途絶える。それでも沖縄戦を風化させるわけにはいかない。ヌヌマチガマだけでなく県内各地にある戦跡に足を運び、学びたい。

沖縄戦から75年がたち、きな臭い時代になってきた。戦争につながるあらゆるものを拒否し続ける力が平和につながる。

風化の波にあらがい、沖縄戦の記録を残す気概と工夫が自分自身に問われていると感じた。

照屋　大哲／南部報道部（2017年入社、32歳）

前川民間防空壕群　南城市玉城

住民が掘った約60基の防空壕

◎案内人
仲程　勝哉さん

南城市玉城前川に「前川樋川《ヒージャー》」と呼ばれる湧き水がある。石でできた階段を下りると、生い茂る草木とこけむす石畳道に太陽の光が差し込み、水の流れる音色が涼を感じさせる。しかし辺りを見渡すと、断崖の中腹には無数の人工的な穴が目に付く。しゃがんで入れるほどのぽっかりと開いた穴は癒やしをかき消すように、75年前の悲劇を思い起こさせる。

穴は前川の住民が掘った「前川民間防空壕群」だ。雄樋川に沿って全長約1キロにわたって約60基の壕がある。１９４４年の10・10空襲後、前川の住民は2~3世帯ずつ共同で壕を掘り始めた。県内の民間壕群では最大規模の数だという。沖縄県文化振興会公文書管理課職員で、前川民間防空壕群の調査を経験した仲程勝哉さん（31歳）が案内してくれた。

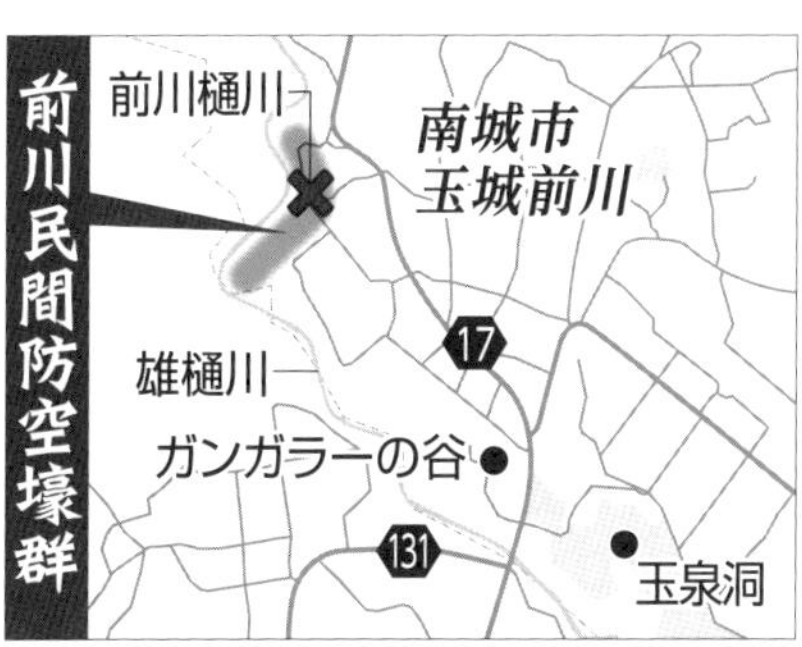

前川民間防空壕群を案内する仲程勝哉さん＝南城市玉城前川

クモの巣をかき分け、ハブがいないか確認しながら一つの壕に入る。壕の大きさ、形状はさまざまだが、かがんで座るほどの高さしかない壕も多い。中へ入るとうっすら光が差し込む程度でひんやりしていて、身動きが取りづらい。「一時間は我慢できるが、それ以上いると腰が痛くなる」と仲程さん。住民たちが長い間、砲弾の音が響く中でひっそりと壕に隠れていたことを想像すると、戦争の壮絶さを感じる。

明かりを置くためのくぼみが内部に掘られている壕や、雨

壕の入り口がいくつも並ぶ前川民間防空壕群＝南城市玉城前川

前川民間防空壕群

前川集落の西側約300〜400メートルの地域で、雄樋川沿いの崖の中腹に開口部がある。壕内部の壁面はつるはしで掘ったり、削ったりした跡が残っている。多くの壕が内部で連結する構造となっている。

水が流れてこないようにするためと見られる溝が、壕口のアーチに沿って刻み込まれた壕もある。大人が立って歩ける高さの壕もあり、この壕には爆風よけとなる壁、壕を補強する坑木用に掘ったものと思われる溝などがあった。仲程さんは「この壕は軍隊出身の人が掘った可能性がある」と推測した。

❖沖縄戦の縮図、「集団自決」も

前川の住民は45年3月下旬の空襲後、壕での避難生活が始まる。5月下旬には米軍が南部に侵攻してきた。戦闘が激しくなると、住民は壕に残るか、壕を出て南に逃げるか選択を余儀なくされた。

現在も前川に住む徳田ユキさん（84歳）は、父親が掘った壕に家族と一緒に隠れていたが、日本兵と区長が何度も訪ねてきて、「米軍は南風原まで来ている。壕を出なさい」と迫った。「父はシマ（集落）に残ると言い張ったが、姉がほかの人たちと同様に島尻へ向かった方がいいと父を引っ張り、家族全員で南部へ向かった」という。糸満方面で激しい戦闘に巻き込まれ、徳田さんは一人だけ生き残り、戦争孤児となった。

戦争孤児となった徳田ユキさん

一方、徳田さんの夫は当時、前川の壕の一つに避難していたが、家族と壕にとどまり、全員助かったという。徳田さんは「前川に残った人はほとんど助かっている」と悔やむ。

入り口がふさがれているいくつかの壕がある。仲程さんは「ふさがれた壕の一部には、『集団自決』（強制集団死）や爆弾で家族を失った所もあるそうだ」と語る。前川民間防空壕群では「集団自決」によって20人余りが命を落としている。「思い出すのがつらい」という遺族の気持ちが、塗り固められた壕口から伝わってくる。

壕に残り助かった人、追い出されて激しい戦闘に巻き込まれた人、そして「集団自決」。ここは「沖縄戦の縮図」のような場所だと強く感じた。

記者の目　命育んだ前川樋川が恐怖の場所に

壕内には沖縄戦当時に使われたと思われる陶器がいくつか残っていた。75年前、住民たちが艦砲射撃のごう音におびえながら体をすくめて生活していたことを想像すると、胸が張り裂けそうになった。壕から外へ出た時は、木々の隙間から降り注ぐ木漏れ日がまぶしく、前川樋川のせせらぎの音が心地よく聞こえた。

住民の生活を豊かにし、命を育んできた前川樋川を、悲しみと恐怖の場所に変えた戦争は非情だ。徳田ユキさんが私に伝えてくれた「戦争というものが世界中から無くなってほしい」という言葉を胸に、ペンを握っていきたい。

金城　実倫／南部報道部（2015年入社、34歳）

山城壕　糸満市

一家5人が生き埋めに

◎案内人
仲門 保さん

糸満市の山城《やまぐすく》区と東辺名《つかへな》区の境界付近の山中に、沖縄戦当時一家５人が生き埋めになった山城壕がある。２０２０年2月末、約45年ぶりに遺骨収集作業があったと聞き、山城区長の仲門保さん（70歳）に案内を依頼した。しかし——。

「無理だよ」。怒ったような口調で一度断られた。「案内したいができないんだ。まだ遺骨はあるはずなのに、連絡もなく国に整地された。跡形もないよ」。とにかく、現場を案内してもらった。

仲門さんが保管していた山城壕に関する厚生省（当時）の記録によれば、山城壕は東辺名集落から約３００メートル離れた位置にあり、岩石の山とサトウキビ畑に囲まれていた。

山城区の住民証言によると、1945年の梅雨の時期、山城壕には桃原さん一家6人が身を潜めていた。砲撃で壕の岩盤が崩れ落ち、5人を中に残したまま壕口がふさがれてしまった。末娘のキヨさん（当時10代）は外にいて助かったが、叔母のウサさん、母カマさん、妹トヨさん、弟の亀助さんと亀吉さんは生き埋めになった。

キヨさんは、山城壕から直線距離で約700メートル先にあるマヤーガマへ助けを求めた。ガマには山城の住民ら数十人が避難していた。

当時の様子を、マヤーガマに避難していた仲門キクさん（87歳）が覚えていた。

「夜、男たちが山城壕に出掛けていった。道具はないから手で岩石をどかした。明るくなると攻撃が始まるから、その前に戻ってきた」。男たちの表情は暗く、怒りと焦りに満ちていたという。「崩れた岩の奥から『助けて』と声が聞こえる。奥で生きているんだ」。連夜作業を続けたが、2～3日後に声は途絶えた。

整地された山城壕跡地付近で、壕の位置を指さして説明する山城区長の仲門保さん（左）＝糸満市山城

山城壕

糸満市東辺名区にあった壕。山城区と東辺名区の境界付近にあった。戦前に掘られた壕で、日本軍が掘ったとする記述と、民間人が掘ったとする住民の証言がある。高さ約2メートル、奥行き2～3メートルだったと推測されている。現在は残っていない。

❖国が整地、跡形もなく

戦後、山城区は行政に遺骨収集を求めた。１９７５年２月、１回目の遺骨収集が実施されたが安全の確保ができず中止。翌76年2月の作業では壕を掘り当て、遺骨（大腿《だいたい》骨1、骨片1）が収集された。そして２０２０年２月末の３度目の遺骨収集で、膝下の足の骨が発見された。

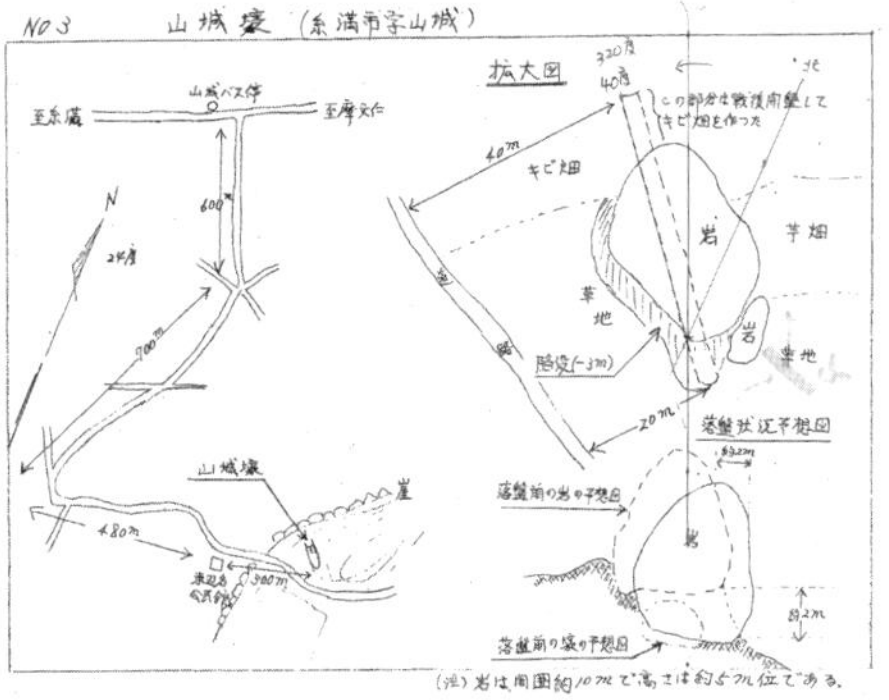

山城区の区長、仲門保さんが保管していた、１９７５年頃の厚生省（当時）が作成した手書きの資料。山城壕の位置や、落盤した岩の状況予想図などが記録されている

ただ今回の作業について、山城区は喜ぶことができなかった。事前連絡がなく、気付けば山城壕が整地されていたからだ。厚生労働省に問い合わせると、壕は束辺名区に位置することから山城区には連絡せず、今回の作業で遺骨収集は「おおむね完了」したため、整地したという。

「犠牲になった桃原一家の遺族、関係者に対して何の連絡もなくつぶすなんて……」。6月20日、山城壕の〝跡地〟に向かった。資料に記されていた、壕の目印になる大きな岩石も見当たらない。破砕された岩石は崖の斜面に並べて転がっていた。

木の枝は切り倒され、眼下にはキビ畑が広がっていた。ここに壕があったことが想像できない。「山の形が変わっている」。仲門さんでさえ、壕の正確な位置が分からなくなっていた。

仲門さんは戦後75年がたち、体験者の減少に加え、安全の確保などの理由から非公開となる戦跡が増えていることにも危機感を感じている。「歴史を語り継ぐため、戦跡は当時の様子を感じ取れる大切な場所だ。体験の記録と同様に戦跡の保存も重要だ」と語った。

地権者ではないから、所在地が山城区ではないからという行政的な考えで、知らぬうちに消滅した山城壕。事務的に戦後処理を進める国と、歴史を語り継ぐ住民との意識の差を感じた。

記者の目　戦跡の保存へ目を向ける時

山城区には無断でつぶされた壕跡地を前に、仲門さんが「許せない」とつぶやいたのが胸に重く残っている。

沖縄戦は、文字や映像、音声などさまざまな方法で記録されてきた。見て触って体感できる戦跡はどうか。安全確保にかかる費用など課題はあるだろうが、十分に検討され、保存されてきたのか。私の祖母は、生涯自身の体験談を話さなかった。誰もが語れるわけではない。体験者が減少する中で確実に次世代へ継承するためにも、戦跡保存の必要性にいま一度目を向けるべきだろう。

嘉数　陽／南部報道部（2016年入社、34歳）

フォローアップ

【6月30日付】

沖縄県内41市町村　琉球新報調査

戦跡の文化財指定1・9%、風化や資料不足が要因

沖縄戦で住民らが避難した壕や日本軍が構築した陣地壕などの戦争遺跡について、沖縄県内41市町村が把握している1313カ所のうち市町村などが文化財指定しているのは、14市町村26カ所で1・9%にとどまることが6月29日、琉球新報の調べで分かった。10市町村は現在、計12カ所の文化財指定を検討している。戦後75年が経過し、壕などは崩落や消失が進む。戦争体験者の高齢化で証言の裏付けも得られにくくなっており、戦争遺跡の調査や文化財指定は難しくなっている。

琉球新報は県内41市町村に戦争遺跡の数や文化財指定状況についてアンケートを実施した。文化財指定が進んでこなかった要因としては、遺跡の風化や資料収集の難しさのほか、私有地や米軍基地内に存在するなど所有権の問題、文化財行政の人員不足などの課題も浮き彫りとなった。

文化財指定の検討については、金武町金武の「旧億首橋」と「旧金武村の忠魂碑」は2020年度中に町文化財に指定する方向で調整している。ほかにも北谷町砂辺の「クマヤー洞穴遺跡」や今帰仁村上運天の「特殊潜行魚雷基地跡」などで検討が進んでいる。読谷村は文化財指定を検討している戦争遺跡につい

文化財指定が検討されている戦争遺跡

市町村	戦争遺跡名
今帰仁村	特殊潜行魚雷基地跡
恩納村	谷茶の住民避難壕群
金武町	旧億首橋
金武町	旧金武村の忠魂碑
金武町	征露紀念碑
北谷町	クマヤー洞穴遺跡
中城村	津覇のトーチカ
西原町	小波津弾痕の残る壁(仮称)
宜野湾市	嘉数トーチカ・陣地壕
那覇市	県庁・警察部壕
八重瀬町	第24師団第1野戦病院新城分院跡
伊平屋村	とらず岩の砲弾跡

て、「まだ具体化していない」として「非公表」としている。竹富町は「今後5年ほどかけて調査し、候補地をとりまとめる予定」とした。

また、4市町村が計4カ所の文化財指定について「難航している」と回答した。那覇市真地の「県庁・警察部壕」について市は「地権者が多数いることや、地籍確定が難しい」などとした。中城村津覇の「津覇のトーチカ」について村は「日本軍が造ったと思われるが、その根拠となる確実な証言・文献がない」としている。

文化庁は1995年に文化財保護基準を改定、太平洋戦争時期の戦跡も文化財として指定が可能となった。その改定以前の1990年に、南風原町は「南風原陸軍病院壕」を町の文化財として、先駆けて沖縄県内で初めて文化財指定した。

【6月30日付】

【戦跡文化財指定】

調査の困難さ壁に

市町村、証言収集との両立課題　国、県に支援求める

琉球新報が戦争遺跡について県内41市町村を対象に実施したアンケートでは、人員不足などの行政課題

や、戦後75年が経過する中での調査の難しさが浮き彫りになる一方で、最新技術を利用した継承のアイデアなども挙がった。戦跡の文化財指定や保護について財政・制度面での国や県の支援を求める声や、自治体の枠組みを超えた協力を訴える声もあった。

戦争遺跡の保存については「体験者の証言を聞く（読む）こととともに、戦争を拒否する大きな力になる」（読谷村）などと重要性を指摘する意見が寄せられた。一方、人員不足などから戦跡保存と証言収集などとの両立が課題となっている現状も見えた。大宜味村は「人口が少ない市町村は（文化財行政を）職員1～2人で当たっているケースが多い」とし、「遺跡の保存も大切だが、戦争体験を証言できる方がかなり少なくなっている。直近でやるべきことは証言を多く残すことではないか」とした。

壕などの崩落が進み、調査や活用が困難になっている状況は複数の市町村で確認された。対策について、宮古島市は写真や図だけでなく「動画資料としても記録保存を行っている」と説明。豊見城市は「壕については安全面を考慮すると、VR（仮想現実）やAR（拡張現実）などデジタル技術を使用した公開活用の在り方も検討する必要がある」とした。

市町村の枠を超えた連携の必要性を訴える声もあった。糸満市は「戦争遺跡の調査・保存活用などについて全県、国の文化財関係者などが幅広く議論する場を設けてほしい」と要望した。宜野座村は「県や市町村が単独で収集・調査してきた体験談や資料の情報を一元的に整理・分析し、共有できるシステムの構築が必要」と強調した。

国や沖縄県への要望としては「戦跡の指定で明確な基準の設定」（八重瀬町）、「戦争遺跡の保存・保護・活用に関する財政支援（補助メニューの拡充）」（豊見城市）などがあった。

＊識者談話／吉浜　忍さん（元沖縄国際大学教授）【6月30日付】

戦調査し保存の議論する時期

戦争遺跡について、各市町村の認識に温度差がある。今回の市町村アンケートでも、古いデータを答えている所もあれば、近年の詳細調査を経て答えている市町村もあるとみられる。

認識に違いがある背景には、日頃から戦跡巡りなどを地元で実施している市町村は、比較的戦跡の重要性について理解がある。予算や文化財担当の人材、安全性の確保など課題はあるが、住民が自分の地域の戦跡に関心があれば、戦跡の保存・公開についての議論につながる。

中城村は3月に戦争遺跡をまとめた地図付きのガイドブックを全世帯に配布した。各字に戦跡があることがひと目で分かる。足元を掘り下げることも大事だ。

文化庁が文化財の保護指定基準を、太平洋戦争までと改定したのが1995年。戦跡の文化財指定は県内ではごく少ない。戦跡も文化財となり得るという市町村の文化財保護委員の意識改革も必要だろう。沖縄戦体験者が年々減少し戦跡も風化する中、いま一度全市町村で調査し、戦跡の保存・公開について議論する時期だと思う。

Ⅳ

記事で繫ぐ現代と沖縄戦

沖縄戦75年

「自粛警察」戦前と酷似

牧師　平良　修さん（88歳）

＊異なる行動許さぬ空気

沖縄市の牧師・平良修さん（88歳）は、政府が「国民精神総動員」を掲げ、異論を許さなかった75年前を今でも覚えている。当時、正直な気持ちを簡単に口に出せなかった。新型コロナウイルス感染防止の対策が進む半面で、他者と異なる行動を許さず、厳しく追及する現在の空気が、平良さんの中で75年前と重なる。

軍国主義の時代、宮古島で暮らしていた平良さんの町内会では運動会も軍事訓練さながらだった。焼《しょう》夷《い》弾による火事を想定し、消火のための砂袋を担いで走る種目があった。町内会長だった平良さんの父・真《しん》宜《ぎ》さんは50歳を過ぎていたが、砂袋を肩に乗せ、農業などで鍛えた若者たちに先を越されまいと、すさまじい形相で息を切らしていた。

日本は誇らしい戦争をしており、どんなに苦しくても最後には勝つと教え込まれた。

「それを正しいと信じれば使命感や喜びを感じられ、自分自身が救われる。強制されるだけでなく、自分たちの中からそう信じたいと思う部分もあったのだろう」

そんな軍国少年にとって父の姿は日本人として誇らしかった。

＊軍国少年の記憶と重なる

一方で無理をして苦しむ父を哀れみ、平良さんの心には強烈に悲しい記憶として刻まれた。だが当時は、正直な気持ちを口にすることもできなかった。

新型コロナの感染が拡大した4～5月。国や県は感染拡大防止のため外出の自粛を要請した。休業補償も不十分な中、やむなく営業する店舗に対し「警察に通報する」などのメッセージを張り付ける「自粛警察」が全国的に話題となった。営業を続ける県内の店舗を、名指しで非難する声が琉球新報にも寄せられた。

沖縄戦を研究する石原昌家さん（沖縄国際大学名誉教授）は「病気と戦争は違う」と前置きする。その上で「使命感を持って他者の権利を侵害する思考回路は、外国帰りの隣人をスパイ視した戦前と共通する」と警鐘を鳴らした。

軍国少年時代を振り返り「多様な人たちが共に生きるには、誰もが自分で考え、判断することが重要だ」と話す平良修さん＝宜野湾市内

現在は牧師として平和や人権を追求する平良さん。

「魂の自由な発露は許されず、従うことだけを要求された」と戦時中の記憶を振り返る。価値観や立場も多様な人々が共に生きる社会へ「自分で考え、判断できるようにならなくてはいけない」と訴えた。

【6月18日付】

終わらぬ女性への性暴力、根底に軍隊の構造的問題

沖縄戦で日本軍の組織的な戦闘が終結してから6月23日で75年となった。だが、沖縄県内の女性たちにとって「戦争」は本当に終わったのだろうか。「基地・軍隊を許さない行動する女たちの会」共同代表の高里鈴代さんは、琉球新報の取材に「戦争は終わっても、女性たちにとっては新たな性暴力の戦争が始まった」と語る。

戦中は日本本土防衛の防波堤として日本軍が駐留し、戦後は米軍に占領され、米軍専用施設の70・3％が集中する沖縄で、いまも起き続ける軍隊による女性への性暴力について、75年の節目に振り返る。

＊各配備地に慰安所

太平洋戦争時下の性暴力として挙げられるのが、「従軍慰安婦」問題。沖縄戦でも沖縄、朝鮮半島、少数だが台湾や本土出身の「慰安婦」が存在した。1944年3月に第32軍を組織した日本軍は、制空権を奪い返すために沖縄各地で飛行場を建設。同年夏以降は日本軍の部隊が次々と沖縄入りした。部隊の駐留とともに、慰安所も相次いで設置され、軍監視下に置かれた。その数は『沖縄県史』によると、延べ143カ所に上る。

慰安所は沖縄本島に限らず離島にも設置された。1944年11月の「大東島支隊第四中隊陣中日誌」に

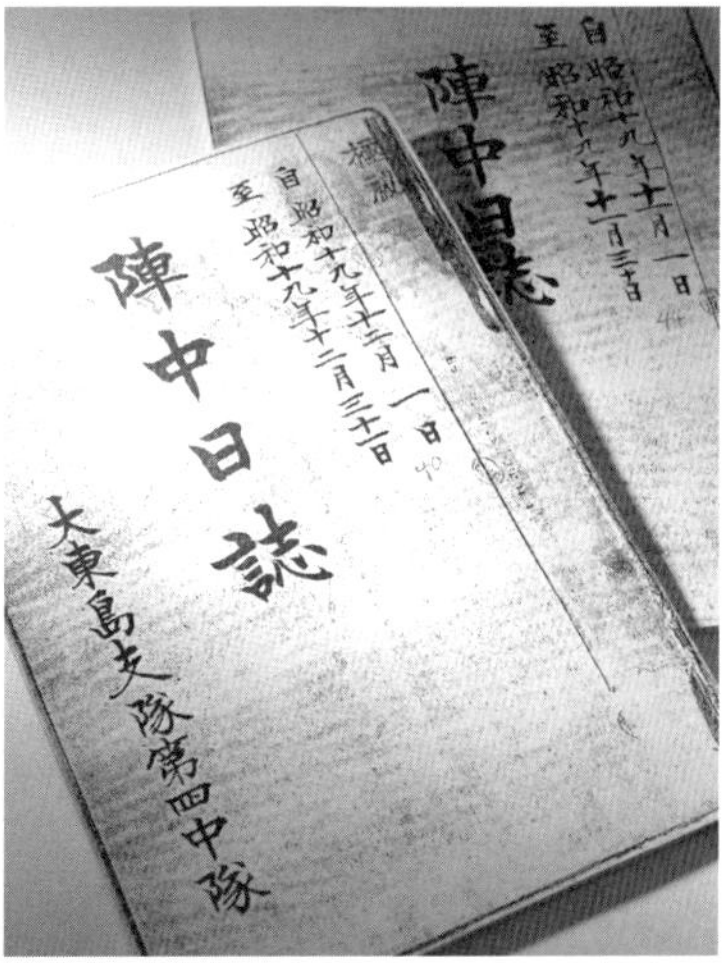

沖大東島（ラサ島）に設置された慰安所について記述されている「大東島支隊第四中隊陣中日誌」。日誌には慰安婦7人の朝鮮の本籍、氏名、芸名（日本名）、年齢などが記されている

は、沖大東島（ラサ島）に11月23日、日本人業者に連れられた慰安婦7人が上陸したことが記されている。日誌には、業者の名前と福岡県の住所、慰安婦7人の朝鮮の本籍、氏名、芸名（日本名）、年齢などが記されている。そこには19歳が2人、21歳が3人、25歳が2人いたことが分かる。

　日本軍は、慰安所の設置理由を第一に一般女性への乱暴予防としていたが、ラサ島では住民が全員引き上げた後も慰安所が部隊と共に島に残された。さらに、『沖縄県史』によると県内各地での慰安所設置後も、実際は沖縄女性への性的暴行や犯罪は頻繁に起こっていた。

＊〝新たな戦争〟

　1945年6月、沖縄では日本軍による組織的な戦闘が終わったが、上陸直後からの米軍兵士による性的な暴力が女性たちにより一層向かっていった。「基地・軍隊を許さない行動する女たちの会」が、新聞、市町村史、書籍、証言などを基に作成した「沖縄・米兵による女性への性犯罪（1945年4月～2016年5月）」は、多くの事例で埋め尽くされている。同会の調査によると、主に女性に関連した女性暴行や殺人、放火などの犯罪は1946年だけで439件、47年で242件に上る。連日のように女性たちが狙われ、時には命を落とし、自ら命を絶った者もいた。
「入院していた少女が父親の前で米兵に乱暴される」「帰宅途中の20歳女性が拉致され、兵士８人くらいに乱暴される」「赤ちゃんをおぶった女性が乱暴され、殺される」

その内容はすさまじく、心が痛む。

特にベトナム戦争時は、ホステスを乱暴し殺害する凄惨《せいさん》な事件が頻発した。高里さんは「１年間で４人が絞殺された年がある。その背後には無数の性暴力と、絞め殺されそうになったのに声が上げられない女性たちがいる」と語る。

＊氷山の一角

軍隊による性暴力は１９７２年の日本復帰後も続く。沖縄県警の統計によると、摘発した米軍構成員による犯罪は１９７２～２０１８年末までに５９９８件に上り、うち５８０件が殺人や強姦などの「凶悪犯」にあたる。その中には、１９９５年の米兵による少女乱暴事件、２０１６年に元海兵隊員で米軍属の男が女性を殺害した事件も含まれる。

だが高里さんは、表に出ている統計上の数字は「氷山の一角だ」と指摘する。さらに性暴力の根底には性差別があり、人を殺せるようになるために軍隊では兵士が内なる女性性を敵視する訓練が行われるとし、

米軍属女性暴行殺人事件・遺棄現場／元海兵隊員によって殺害された女性の遺体が遺棄された現場＝2017年、恩納村安富祖

女性への性暴力はたまたま起こるものではなく、軍隊が持つ構造的暴力だと強調する。

性暴力の被害者がまだまだ声が挙げにくい一方で、近年は性被害を告発する「#MeToo」運動や、性暴力に反対する「フラワーデモ」が全国に広がるなど世の中が変わる兆しもある。「性暴力の被害者は、事件が起こる度に自分の身に起きたことと重ね、社会がどう対応するのか見ている」と高里さん。

性暴力への対応を私たちの社会は問われている。【6月23日付】

県内で起きた米兵による性犯罪の一部

1945年〜	45年4月	米軍が沖縄本島に上陸後、乱暴が多発し、各地域で住民による自警団が結成される。
	46年1月	草取り作業中の19歳の女性が森の中に連れ込まれ米兵にナイフで頬を切られた後に乱暴される。
	49年9月	生後9カ月の赤ちゃんが米兵に連れ出され、乱暴される。
1950〜	50年5月	芝居見物帰りの32歳と28歳の女性が15人の米兵に銃で脅迫され、乱暴される。
	55年9月	6歳の女児が米兵に拉致、乱暴された上、惨殺される。
1960〜	66年7月	勤め先から帰宅中の20歳ホステスが米軍に乱暴され、殺害され、全裸死体で下水溝で発見される。
	67年1月	32歳ホステスが18歳の海兵隊員によって惨殺、全裸で発見される。この年は、ベトナム戦争からの帰還兵による強盗、ホステス殺しが続発した。
	68年6月	32歳のホステスが海兵隊MPに乱暴される。その後、短銃で殴りつけられて重体。
1970〜	74年5月	叔父と農道を歩いていた17歳の少女が米兵3人に乱暴される。
	75年4月	海水浴に来ていた中学生2人が米兵に石で殴られ乱暴される。米軍は身柄引き渡しを拒否。那覇地検の起訴後に日本側へ引き渡される。
	76年6月	沖縄市で帰宅中の20代女性が米兵3人に拉致され乱暴される。
1980〜	82年8月	米兵が名護市内で30代女性を乱暴しようとしたが、抵抗され殺害する。
	84年6月	沖縄市内の路上で女子高校生が米兵に近くの民家敷地内で乱暴される。
	9月	10代の女性米兵が宜野湾市内で男性兵2人に乱暴された上に殺害され、車ごと焼き払われる。
	87年8月	名護市内の飲食店で経営者の50代女性が米兵に乱暴され重傷。
	88年5月	宜野湾市の民家に侵入し就寝中の女子高校生を乱暴しようとした米兵が逮捕される。
1990〜	93年5月	沖縄市で10代の女性が米兵に乱暴される。容疑者は基地内から脱走し本国へ逃亡。米国で身柄を拘束され、沖縄に護送された。
	95年5月	宜野湾市で20代の女性が米兵に殴られ殺害される。
	9月	本島北部で小学生が米兵3人に車で連れ去れ、乱暴される。
	11月	本島中部の飲食店で米兵が女性従業員3人をナイフで脅してトイレに押し込み、うち1人を乱暴する。
2000〜	00年1月	沖縄市内で女性を乱暴しようとした米兵が婦女暴行未遂容疑で逮捕される。オフリミッツが4年ぶりに解除された直後の事件。
	7月	本島中部の民家に侵入し、就寝中の女子中学生に覆いかぶさった米兵が準強制わいせつの疑いで逮捕される。
	01年6月	北谷町で帰宅中の20代女性が米空軍軍曹に駐車場で乱暴される。
	03年5月	金武町で女性が海兵隊上等兵に殴られ、乱暴される。
	04年10月	本島中部の民家で女性が米軍属に乱暴される。
	05年7月	本島中部で小学生の胸を触ったとして空軍軍曹を強制わいせつ容疑で逮捕
	07年1月	北谷町の基地外住宅で外国人の女性が空軍軍曹に乱暴される。
	08年2月	本島中部で女子中学生が海兵隊軍曹に乱暴される。
	12年10月	本島中部で帰宅途中の20代女性が米本国海軍所属の米兵2人に乱暴される。
	16年4月	20歳の女性が嘉手納基地勤務の元海兵隊・軍属によって乱暴され、殺害され遺体で見つかる。

※基地・軍隊を許さない行動する女たちの会・沖縄の冊子を基に作成

沖縄戦証言に圧力――教訓継承を封じる動き

＊「震える少女」

沖縄戦の記録映像で映し出される「震える少女」として、琉球新報に名乗り出た浦崎末子さん（82歳）の自宅を男性が訪ね、証言をとがめるような言葉を投げ掛けていたことが6月25日、関係者への取材でわかった。浦崎さんはこの一件以来、外部との接触を控えるようになったという。

座間味村での「集団自決」（強制集団死）の証言者らにも同様の接触があったことも判明した。沖縄戦の継承が課題になる中、証言を封殺する動きに、識者は「証言者の萎縮、戦争の教訓継承の妨げになりかねない」と警鐘を鳴らしている。

浦崎さんの親族によると、浦崎さんの自宅に男性が現れたのは２０１９年８月ごろ。ドアを開けて応対した浦崎さんに「あなたが浦崎末子さんか」と尋ね、いきなり「どういうつもりか」と詰め寄った。

琉球新報は19年6月23日付朝刊で、米軍撮影の記録映像に登場する「震える少女」として浦崎さんが名乗り出たと報道した。男性と面識がなかったことから浦崎さんは「新聞に出たことをとがめられた」と感じた。

周囲に「恐ろしかった」と話し、以降、来客を断ったり、外出を控えるようになったという。親族は「沖縄戦のことを振り返るのも嫌がるようになった。（その男性には）彼女（浦崎さん）の体験を広めたくないという思惑があったように感じる」と振り返る。

琉球新報
THE RYUKYU SHIMPO
2019年（令和元年）6月23日 日曜日
第39659号
「震える少女」は私
米軍撮影映像 81歳浦崎さん名乗り
「初めて見る米兵怖かった」
沖縄戦74年
米軍撮影の「震える少女」について「自分だ」と名乗り出た浦崎末子さん

「震える少女は私」と浦崎末子さんが名乗り出たことを報じる2019年6月23日付琉球新報

＊座間味島「集団自決」

沖縄戦の証言を封じ込めるような動きは過去にもあった。座間味村での「集団自決」について、母親の手記を『母の遺したもの』（高文研）としてまとめた、沖縄女性史研究家の宮城晴美さん（70歳）は、電話や手紙による嫌がらせを受け、自宅にも押し掛けられた。

宮城さんの著作は、作家大江健三郎さんの『沖縄ノート』（岩波書店）での「集団自決」の記述を巡り、元戦隊長らが２００５年に訴訟提起した「大江・岩波裁判」で、「戦隊長の命令がなかった」とする原告側の主張に沿うものとして取り上げられた。

宮城さんは原告側の取り上げ方が意図に沿わないとして、「軍命令・強制の存在」を示した著作の新版を発表するなどした。

こうした動きに反発したとみられる元戦隊長の支持者が、２００６年６月から７月にかけて、宮城さんの職場に「（宮城さんを）すぐに辞めさせろ」と電話を掛け、元戦隊長への謝罪を要求する手紙を送付した。

２０１４年８月には元戦隊長の死去を受け、女性ジャーナリストらが宮城さんの自宅を訪れた。「メッセージ」と称して元戦隊長が泣く映像を見せ、同行した男性が「また（本を）出したら許さん」と詰め寄ったという。ジャーナリストは琉球新報の取材に、訪問の趣旨を「取材」とし、「映像を見せたことに深い意味はなく、成り行きだった。脅しなどありえない」とした。

宮城さんは「何が何でも黙らせたいという意図を感じた」と証言した。

高校日本史教科書の「集団自決」における日本軍の「強制・関与」の記述を削除した検定意見の撤回を求める県民大会が開かれた2007年9月には、座間味村での「集団自決」の生存者の自宅に黒ずくめの男性2人組が訪れ、「(集団自決の)現場にいたのか」と迫った。「話す気はない」と追い返したが、恐怖心が残ったという。「脅して黙らせようとした。許せなかったが、相手を刺激しないよう公表を控えた」と当時の心境を明かした。

＊識者談話／安田　浩一さん（ジャーナリスト）

沈黙強いる空気まん延

沖縄戦の記憶を後世に伝えていくことは社会にとって大事で、証言者は守られるべき存在だ。証言を暴力的な圧力で封じ込める行為は、表現の自由を奪うことと同義で憤りを覚える。戦争の記憶を継承することを、国家をおとしめる行為だと捉える者がいるが、表現の自由を奪うことこそが国家をおとしめている。

ヘイトスピーチにもつながる問題で、発言する場の乏しい弱者や少数派、立場の弱い人の発言に対して過剰な批判や中傷が押し寄せる風潮がある。不当な圧力で表現を奪われ、言葉を奪われ、沈黙を強いられる空気がまん延している。

【6月26日付】

V

沖縄戦の継承を考える

戦後75年座談会

沖縄戦75年

戦禍の教訓、次世代へ

琉球新報社は2020年6月16日、沖縄戦から75年の慰霊の日を前に、さらに新型コロナウイルス感染の影響を受け、各地で慰霊祭、追悼式の規模縮小を余儀なくされる中、沖縄戦の継承や平和教育の在り方などを考える座談会を開いた。

座談会出席者
中山きく（なかやま・きく）さん：県立第二高等女学校白梅同窓会会長 1928年生まれ。県立第二高等女学校で白梅学徒隊として傷病兵の看護に当たった。
高山朝光（たかやま・ちょうこう）さん：元知事公室長、沖縄ハワイ協会顧問 1935年生まれ。NHK勤務を経て知事公室長に就任。平和の礎建立責任者を務めた。
宜寿次政江（ぎすじ・まさえ）さん：編集者 1977年生まれ。沖縄愛楽園証言集編集事務局を経て、字誌などの編さんを担う。
石川勇人（いしかわ・ゆうと）さん：ピース・ブリッジ代表、沖縄国際大学4年生 1998年生まれ。平和学習を通して沖縄戦継承に取り組む。
司会＝**島袋貞治**（しまぶくろ・さだはる）さん：琉球新報編集局社会部長

【新型コロナの影響】

健康考え講話中止に＝中山　慰霊祭の動き伝えて＝高山
思考型の平和教育に＝石川　来年に向けた計画を＝宜寿次

司会　２０２０年は新型コロナウイルス感染拡大の影響で、慰霊祭の縮小など沖縄戦の実相を知る機会がなかなかない状況になっている。

中山きく　２月から５月まで16件、講話の予定が入っていたが全部中止になった。今、暮らしている人たちの健康が一番大事。私たちも昨年までは一堂にそろって慰霊祭を開いた。今年２０２０年は、自主参拝にする。（体験者以外も含めた）「白梅継承の会」という身内のようなメンバーがいる。その人たちだけの、規模を縮小した慰霊祭は行う。今は人々の社会、健康を考えるのが第一で縮小もやむを得ない。

中山きくさん

高山朝光　慰霊祭そのものの実施継続は必要だ。縮小してもいいから実施していく。もう一つは、メディアが発信し続けること。慰霊祭の縮小に加え、慰霊祭の開催場所もメディアで伝えてほしい。コロナで閉じこもるのではなく、数は少ないけど実際に慰霊祭の場を報道していただくことが発信につながっていく。

継続性は非常に大事で、戦後75年は本来なら従来の何倍かのエネルギーを持って、県民が動いていろんなことをしないといけない一つの節目だった。戦後50年で平和の礎を造り、25年になる。海外の代表からのメッセージを考えていた。

石川勇人　コロナの影響で、体験者の声を聞ける機会が奪われた。ある意味落ち着いて、体験者の方々の何を残していこうか、というのを仲間同士で話すきっかけにはなった。体験者の何を残していくか。そこがまさに理念だと思う。体験者がどのような言葉で戦争体験を届けようとしているのか。若い世代がいま一度立ち止まって考えてみようと。戦争を体験した場所を学生がおのおの調べてから聞き取りをしよう、そこから体験者に対し何を聞いていくかを考えることも大事じゃないか、と思った。今年は聞き取りに奔走する予定だったが、こういう状況で活動が思い通りにいかない。

中学校での平和講演もNGとなった。学校と調整をしながら、生徒に沖縄戦の映像を見せたり、戦争体験者からのインタビューを通したりして、どう沖縄戦を考えてもらうかをいま一度考えた。思考型の平和教育にかじを切ってやってみようということで、このスタイルでやっていく形にはなる。沖縄戦の体験を聞いた上で、若い人たちは若い人たちでどう伝えていくのかというのをテーマにした平和教育をしてみたい。だいぶ方向性は変わってしまったが、やるということはやる。

宜寿次政江　私自身、年配の方に聞きに行きづらい状況がある。たくさんの人を集めた式典の開催が難しいのはよく分かる。モバイルを得意としている世代は、集まらずとも共有する技能を持っている。そういう子たちと一緒に考えたかったという気はする。多く集まらなくても、バーチャルで多く集まっているような形でできたかもしれない。

高山さんがおっしゃっていた平和の礎建立から25年で、他国の方々からの平和のメッセージを聞けなくなったというのは涙が出るくらい悔しい。今年が駄目だったら来年どういう形でできるのか。そういうことを今からでも話したいと思います。

【沖縄戦75年の課題】

体験者に語る機会を＝高山
思い聞き伝える責任＝石川
白梅継承の会心強い＝中山
行政は躍動的活動を＝宜寿次

司会　沖縄戦から75年たった。どのような課題が目の前にあるか。

高山　75年は一つの節目だ。この節目に、体験者が沖縄戦をもっと語る機会を多くしていく必要がある。戦争体験者がだんだん減って、戦争を知らない人が増えてきた。戦後、沖縄戦を体験した人のほとんどが語らずにきた。語らなかった理由は二つある。一つは、あまりに戦争は悲惨で地獄のような体験なので残酷すぎて語れないこと。もう一つは、みんな同じ体験をしているから、語らなくてもみんな知っていると思っている。そういった理由で、家庭の中でも語られず、子どもも知らないまま来ている。これまで語れなかった人たちを掘り起こして語らせていく機会を多くする必要がある。

高山朝光さん

中山　私は実際に女子学徒隊としての自分の体験を戦後50年になるまで語れなかった。22人の白梅の仲間を亡くしましたから。第一に、彼女たちのことがどうしても思い出されましてね。自分だけ生き残って良かったのかしら、などと考えた。もうそろそろ私たちも語れなくなる時は近い。体験者がいなくなったら戦争体験も、それから慰霊祭もやらなくていいのかと言われると、それは絶対に違う。もうすぐ語れなくなる。身体も頭もね。

これまで73回の慰霊祭を続けてきた。それもできなくなるということで、普段から交流している方たちに何とか後を継いでくれないかと。「白梅継承の会」ができて実際に私たちに代わって、戦争体験を伝える活動もしている。私の思いは伝わった。これからは私ができなくなっても、大学生の平和活動団体など、私たちの後を継いでくれる団体が多く生まれてきている。大変心強く思っているところです。でも私もできるまでやりますよ。

石川勇人さん

石川　僕は沖縄戦体験者でもなく若い世代に当たるので、沖縄戦と向き合うときには一歩引いた視点を常に意識している。体験者の人たちの声を聞ける最後の世代だが、若い世代に体験者の思いが伝わっていない。それをどうにかつなげたい、と痛感している。

近所に住んでいる体験者の方が孫に日記を見せたけど、孫が思いを受け取ってくれなくて日記を捨ててしまったと聞いた。時代の流れや戦争を知らないからこそ、若い世代が体験者の思いを全然くみ取れない。でも、体験者の人たちが何かを残したいという思いはぶれがなくて、そこを伝えていくのも聞いた人たちの責任だろう。自分自身が聞ける世代として残していきたい。向き合うきっかけをつくってくれたのは体験者の人たちの声だった。

宜寿次　私は昭和後半の生まれで、教員の中に証言者がいた世代だ。話を聞く機会はいっぱいあったのに、聞ききれなかった。聞くことが苦しめてしまうだろうと思っていた。体験者が語ってきたことをどうやって次の世代につないでいくのか。沖縄県が本気で考えれば、そんなに難しくないはずだが、どうしても民間の善意に頼ってしまっている。

平和の礎を造ったように、次の世代へ継承していく場をダイナミックにつくっていかないといけない。本気で次の継承を考えるのであれば、また新たな取り組みを行政側から提示することがあってもいい。

【追悼式や平和行政】

県民の思いに配慮を＝高山　沖縄の苦難理解して＝中山
「戦二度と」理念実感＝石川　平和・共生、沖縄から＝宜寿次

司会　沖縄全戦没者追悼式を国立沖縄戦没者墓苑で開くか、従来の場所で開くかが議論になった。追悼式の理念、平和の礎の理念、平和行政を牽引する人たちの向き合い方が問われる事態だったのではないか。

高山　結論から先に言うと（追悼式は）毎年開いている場所でやるのが正しい。国立墓苑というのは国の施設ということもある。沖縄戦では沖縄の人たちがいろんな形で犠牲になった。日本軍は「友軍」と言っていたが、スパイ容疑で沖縄の人を殺したり壕を追い出したりして、いつのまにか敵になった。それだけに日本政府への反発とかが県民の心の中にあり、簡単には消えない。国というものに対して複雑な思いがある。そういうことがあった原点をしっかり押さえ、平和行政の推進に当たっては、県民の思いにいつも配慮していくことが非常に大事だ。

司会　従来の会場を求める要請に対し玉城知事は「勉強不足だった」と説明した。私たちが沖縄戦の教訓をどのように受け止めているのかが問われている。

中山　（1945年の）沖縄戦の頃、野戦病院で傷ついた兵隊を一生懸命に看護した。しかし、私たちは6月4日に解散命令を受けて艦砲射撃の中、南部へ逃げた。南に逃げたら住民の壕に日本軍が入り込んでいて入り口にいた。「入れてほしい」と2回頼んだが「早くのけ」「君らがうろうろしていると砲弾が飛んでくるんだから」と言われた。日本軍は住民を助けてくれなかったという体験をした。日本軍は

宜寿次政江さん

住民を守る気持ちはあったのか。戦後、私たちは米軍基地の問題や基地から起きる暴行事件に耐えてきた。日本が沖縄のことを考えているのだろうかと疑問に思っている。

石川　聞き取りをしていると体験者はよく「二度と戦争を起こしてはならない」と言う。一番大事な教訓なんだと思う。体験者と体験者の声を聞いてきた人たちが一緒につくり上げてきたのが、二度と戦争を起こしてはいけないという理念だと思う。

宜寿次　生きるか死ぬかというところをくぐってきた人たちがつくり上げてきた沖縄に私たちは住んでいる。「戦争をやってはいけない」は世界の共通認識だが、もう一歩沖縄は進んでいる。戦争はひどいものだから一緒に戦った人も愛していこう、共に生きていこうというメッセージは沖縄だからこそつくれるのではないか。

高山　平和の礎にしても慰霊祭にしても、沖縄の人たちの地獄のような戦争体験に根差して世界に平和を訴えていくという理念をきちっと持っていることは大事だ。戦後50年で平和の礎を造って25周年になる。平和の礎建立当時、知事公室長としていろんな課題に直面した。職員も徹夜するくらい。わずか3年でそ

の仕事をした。

僕らが元気なうちに、その理念や思いというものを若い人たちに継承していきたい。（礎建立から）25年で県と一緒に空手のイベントを企画していたが、新型コロナでキャンセルになってしまった。1995年の除幕式の時には刻銘されている米、北朝鮮、韓国、台湾、日本の各代表にあいさつしてもらったが、今年は沖縄にいるその国の代表にあいさつをしていただくとか、国際平和を訴える場に持っていきたいという思いがあった。県に要請をしてその方向で動いていた。

【用語】沖縄全戦没者追悼式

沖縄戦から三十三回忌となる1977年、県内で追悼式の存続や在り方が議論され、糸満市摩文仁の沖縄平和祈念公園で行われる追悼式を「沖縄全戦没者追悼式並びに平和祈念式」とし、初めて県知事による「平和宣言」が行われた。県はことし、新型コロナウイルスの影響で沖縄全戦没者追悼式の会場をいったん国立沖縄戦没者墓苑に変更する方針を示した。有識者らは、沖縄戦で国は加害者との認識を示し、国立墓苑での追悼式は戦争による死の美化につながると指摘。県は、追悼式を元の平和祈念公園の広場に戻すことを決めた。

【第32軍司令部壕の公開・保存】

一部だけでも公開を＝石川　戦の中枢で平和発信＝高山

説明板で史実明確に＝中山　首里城の見方変える＝宜寿次

司会　首里城が焼失して、地下にある第32軍司令部壕が注目されている。32軍壕の公開を求める声、戦跡保存についてどう考えるか。

石川　32軍壕は一部でも公開してほしいと常々思っている。ただ保存するだけで戦跡が伝えることには限界がある。32軍壕がどういう場所だったのかを語り、伝える人がどうしても必要だと思う。戦跡に若い人たちが足を運んで、そこで本当に戦争があったことをしっかりと学び、実感してほしい。32軍壕がある首里から南部に逃げていく歴史的な流れを伝えていくためにも保存することが大事だと思う。

高山　私は「第32軍司令部壕保存・公開を求める会」を組織して、保存・公開をするべきだと強く言っている。本来なら32軍は首里から撤退せず、あの場所で最後まで軍人として戦えばよかった。ところが南部まで撤退し、住民が巻き込まれて犠牲が大きくなった。32軍壕は沖縄全体の軍隊を指揮した中枢で、沖縄戦全体を掌握するところで、そのまま埋めておくわけにはいかない。

首里城は約450年の歴史を刻み、文化を発信した。もし地下に32軍壕がなければ、首里城は破壊されなかったとも言われている。1990年代には首里城の保存・公開を委員会で検討し、大田昌秀知事に提言したが、知事が交代して計画がなしになった。沖縄戦の中枢を平和の発信地として公開したい。国も遺骨収集や不発弾処理をする大きな責任が残っている。

司会　慰霊碑などの今後の在り方についてはどう考えるか。

中山　どうしても残したい場所は、史実を形にして、説明板も残すべきだと思う。32軍壕は沖縄戦の総本山で、一番残してほしい場所だ。高山さんの話は大事なことだと思った。当時は私たち住民は、首里に32軍壕があったことも知らなかった。ただ保存するだけではなく、ここはこういう場所だよと伝えて、残してほしいと思う。

私たちはもう後がないけれども、石川さんたちの若い世代が後を継いで伝えていくという段階にも来ている。ガイドの方たちが「私たちがやります」と言ってくれる人もいる。これからはその人たちにもお願いしたい。でも、できる限りは私も頑張ろうと思っている。

宜寿次　ぜひ32軍壕を公開してほしい。公開までには難しいことがいっぱいあると思うが、首里城の地下に32軍壕があるということを県民だけでなく、県外の人も含めて知らない人が多すぎると思う。どうして首里城地下に32軍壕が置かれたのかということを含めて発信できたら、沖縄での首里城の意味とか、沖縄の歴史の見方が変わってくるのではないかと思う。

司会・島袋貞治さん

私たちの世代に託されているものが大きいと実感している。私も子どもがいる身なので、この子が50年、100年後に沖縄戦の記憶を生かした社会の中で暮らしていけるのか。高山さんと中山さんの話を聞いて、直接聞く機会というのはもっと欲しいと思った。同じ空間で語り合うと伝わる生きざまとか、私たち世代に対する思いを共有できる場が必要だと実感している。

【用語】 第32軍司令部壕

沖縄戦を指揮する司令部壕として、日本軍第32軍が首里城地下に構築した陣地壕。1944年12月上旬に構築作業が始まり、沖縄師範学校をはじめとする男子学生らが労働力として駆り出された。昼夜を問わぬ突貫工事で、全長約千メートルの司令部壕が造られた。守礼門、園比屋武御嶽側に第一〜第三坑道口、首里金城町側に第四、第五坑道口の全5カ所の出入り口を設けた。司令官、参謀長らの居室や無線室、診療所、作戦室が配置されたほか「女性たちの部屋」もあった。

米軍上陸後、司令部壕が置かれた首里は壊滅的打撃を受けた。32軍は組織的戦闘能力を失ったものの、本土決戦までの時間を稼ぐため、降伏せずに南部に撤退し、米軍と戦う「戦略持久戦」の継続を決断した。その結果、南部で軍民混在の状態が生まれ、激しい地上戦によって多くの一般住民が犠牲となった。

VI

県民、読者と刻む沖縄戦

1. 壕《ガマ》の中で

日米両軍が戦闘を続けているとき、沖縄住民は身を守るためガマ（自然壕）や祖先の墓に避難しました。ガマや墓は県民の命を救った場であり、つらい体験を重ねた場でもあります。住民はガマで食糧不足に苦しみました。日本軍にガマを追い出された住民がいました。泣きやまぬわが子の口をふさぐ親がいました。極限状態の中、自ら命を絶つ住民もいました。

沖縄県民のガマや墓での体験を紹介します。

❖親川　委代さん（85歳）　那覇市

＊故郷の本部で祖母と生活

那覇市の親川委代さんから「本部《もとぶ》町山川にガマがあることを知っていますか」という連絡がありました。現在の海洋博記念公園の海岸沿いです。親川さんは半年以上、このガマに避難しました。

◇

親川さんは１９３４年7月、大阪市西成区で生まれました。父の清睦さんは軍需工場で働き、母ツルさんは雑貨商を営んでいました。２人とも山川の出身です。

委代さんが3歳のころ、ツルさんと2歳下の弟と共に本部町に引き揚げます。山川にある父方の祖母の下で暮らしました。2年後、３人は大阪に戻ることになりましたが、委代さんはごねたといいます。「母は厳しくて、食べ物の好き嫌いを許さない人でした。2年間、本部にいるうちに私はすっかりおばあさん子になっていました。大阪に戻る時、私はわがままを言って泣き叫んだそうです」

船に乗って本部の渡久地港を出る時や、那覇の宿にいる時も泣き通しでした。結局、たまたま那覇に来ていた山川の人に伴われ祖母の家に戻ることになりました。

ツルさんと弟は大阪へ行き、敗戦後まで離れて暮らしました。「戦後になって、母からその時のことをよく言われました」と懐かしそうに振り返ります。

＊空襲警報で一目散に自宅壕へ

本部町山川で祖母と共に暮らしていた親川委代さんは謝花国民学校に通います。児童数２千人余を数える大規模校でした。

本部町にも戦争の影が漂います。日本軍の伊江島飛行場建設に住民が動員されました。陣地構築も進みます。町民を恐怖に陥れたのが１９４４年の10・10空襲でした。委代さんは４年生でした。

《朝、登校しようと家から出てみると、大人たちが飛行機の音に異変を感じ、空を見上げて話し込んでいました。それが敵機来襲だと誰も知りませんでした。情報一つありませんので、恐ろしいことなど知らずに登校しました。

しばらくすると空襲警報のサイレンが鳴り響いたのです。一目散に帰宅しました。当時は各家庭で防空壕を造ることが義務づけられていました。一晩、防空壕で過ごしました。》

防空壕は家の庭に穴を掘り、入り口を木で覆って屋根にしたものです。10・10空襲では港がある渡久地や瀬底にあった艦船や輸送船、軍事施設、民家が攻撃されました。特に渡久地は集落の７、８割が焼失し、住民の避難生活が始まりました（『本部町史』）。

委代さんは壕の中で爆発音を聞きました。壕で一晩を過ごし、翌日から山川集落の海岸沿いにある自然壕へ避難します。

＊空襲後、ガマで避難生活

親川委代さんは10・10空襲の後、集落から海岸に降りたところにある自然壕（ガマ）に避難します。場所は、現在の海洋博公園内にある「夕陽の広場」の東側の海岸です。

山川集落の住民の多くは嘉津宇や大堂集落の周辺にある山に避難しましたが、一部住民は海岸沿いの壕に逃れました。

「山川集落から海岸に降りるとガマがいっぱいあるんです。壕の中には人が手を加えた跡がありました。首里から下りてきた士族が暮らしていたと大人たちが話していました」

夜、干潮に合わせて、壕から集落内の家に戻りました。

「ガマには満潮の時には行けない。夜、干潮の時には家に戻り、食べ物や着替えを取りに行きました。懐中電灯はありません。木に火を付けて明かりにしました」

食料は畑から取ってきたイモや野菜です。近くの壕に避難していた住民が分けてくれた魚も食べました。

「山川は半農半漁の集落で、いじゃいい（夜の漁）をして魚を捕っていました。私の祖母は、いじゃいをしませんでしたが、周囲のガマに住んでいる家族が魚を持ってきてくれました。それをあぶって食べたり、塩漬けにして保存したりしていました」。このような生活が45年3月末まで続きます。

＊戦闘後、米が投降呼び掛け

1945年3月末、空襲や艦砲射撃が本部町を襲います。4月1日、沖縄本島の中部西海岸に上陸した米軍は本部半島に進攻し、八重岳周辺で日本軍と米軍が激戦となります。

祖母と共に山川集落の海沿いにある壕に避難していた親川委代さんは米軍進攻に恐怖を感じていました。

《米軍の船が艦砲で攻撃するのを壕の入り口から見ていました。上陸用舟艇が瀬底島の方から嘉津宇あたりに向かうのも見ました。米軍は伊江島を包囲し、空から海からと攻撃を繰り返していました。私たちが避難している洞窟の中まで割れんばかりの爆音が響きました。》

戦闘が落ち着いた頃、沖縄の住民を伴った米兵が、親川さんのいるガマの周囲に姿を見せるようになります。米兵と行動を共にしていた住民は、壕に隠れている山川の人たちに「戦《いくさ》や終《う》わいびたんどー。家《やー》かい帰《けー》いみそーれ。戦や負きたぐとぅ、家かい上《あが》いみそーれ」と呼び掛けていました。

《洞窟から出るようにと呼び掛けられ、大人たちは殺されるだろうと思いながらも、何日か時間をかけて自宅へ帰りました。海、空、地上、あの恐ろしい音がやみ、静かな日常に戻った気がしました。》

「もう戦争が終わったようだ」と大人たちが判断し、親川さんらは壕を出ました。１９４５年６月ごろのことです。

＊マラリアで死線さまよう

米軍の呼び掛けに応じ、海岸沿いの壕から出てきた親川委代さんら本部町山川の住民は、久志村（現在の名護市）大浦崎の収容地区に移動します。現在の米軍キャンプ・シュワブのある一帯です。

《着の身着のまま行く先を知らされないまま、米軍の大型トラックに乗せられました。着いたところが大浦湾の収容所でした。テントが支給され、土や草の上に寝る生活が始まりました。そこは既に米軍の基

地があり、野戦病院もありました。》
大浦崎には本部町だけではなく今帰仁《なきじん》村、伊江村の住民も収容され、町村単位に分かれて暮らしました。食糧不足とマラリアに住民は苦しみました。
《当時、支給される物資だけでは足りず、川のどぶ水を飲み、栄養失調で次々と死者が出ました。遺体は粗末に扱われ、そのまま土をかぶせられるだけで、子ども心に悲しい出来事でした。私もマラリアで高熱が出て死線をさまよったことがありました。収容所生活は昭和20年6月から11月まで続きました。》
収容地区を出て、本部町山川に戻ったものの、元の屋敷周辺は米軍の物資集積場となり、同じ山川の別の地に新たな生活の場を求めざるを得ませんでした。

＊懸命に働き生き抜く

親川委代さんの両親と弟が1946年、大阪から本部町山川に引き揚げてきました。家族がそろうのは約5年ぶりです。
「父母は沖縄が全滅したと聞いていました。家族の骨を拾うために沖縄に帰ってきたようです」と委代さんは語ります。家族が増えた分、食糧に困るようになり、ソテツを食べる生活が続きます。委代さんの家族だけではありません。山川集落の住民は皆、生きるのに懸命でした。
《戦後の復興には身内、他人の区別なく、部落中がユイマールの心で立ち上がりました。戦後2年目、やっと茅葺《かやぶ》きの校舎ができました。》
家族は戦後、現在の海洋博記念公園内にある熱帯ドリームセンターの周辺で暮らすようになります。父の清睦さんは1950年5月から1年半ほど山川の区長を務めます。母ツルさんは野菜の行商を始めました。中学を卒業した委代さんは、洋裁学校で半年間学んだ後、家計を助けるために働きます。

「本部や今帰仁で仕入れた野菜を路線バスに載せて那覇に運び、市場で売りました。帰りは新天地市場で衣類を仕入れ、本部や今帰仁で売ったり、野菜と交換したりしていました。しっかりした、働き者の母でした」

そのツルさんは1955年12月、突然、病に倒れました。ツルさんは被爆者でした。広島に原爆が投下された1945年8月6日、広島市内にいたのです。

＊被爆の母　闘病の末他界

委代さんの母、ツルさんは大阪市大正区で暮らしていたころ、雑貨商を営んでいました。1945年8月6日、商品を仕入れるために訪れた広島市で被爆したのです。

乗っていた電車がトンネルを通過した時、大きな爆発音と爆風を感じ、その後、地獄絵さながらの惨状を目の当たりにしました。娘の委代さんに「天と地をつないだ雲を見た。死体がごろごろしていた。私は地獄から帰ってきたんだよ」と語っていました。

《戦後10年目に母は突然倒れました。地域には病院はなく、往診してもらうだけで、疲労が原因だと言われました。容体は日々悪化し、意識障害も起きました。ただれた足や腰からの出血が止まらず、輸血が必要でした。

父は、母のために役場へ何度も足を運び、被爆者として申し出ましたが、当時の沖縄では調査機関もな

く、医療の技術者もいませんでした。何十ドルもする高価な血液を米国から取り寄せ、一度だけ輸血しました。》

那覇で働いていた委代さんも看病のため本部に戻りましたが、4年の闘病の末、ツルさんは51歳の若さで亡くなりました。

他界から51年後の2010年、広島市への申請手続きを経てツルさんの名は原爆死没者名簿に載りました。2013年には「平和の礎」に名が刻まれました。戦後68年の年のことです。

＊「人間が人間でなくなる」

75年前の沖縄戦を振り返り、親川委代さんは「人間が人間でなくなる」と語ります。その一つは米兵による非道な行為です。

「上陸用舟艇で海岸にやってきた米兵が女性を捕まえ、むごいことをしたんです。私は幼かったので、その意味が分かりませんでした。戦争の犠牲です」

もう一つは、委代さん自身のことです。鹿児島を飛び立った特攻隊を応援したのです。軍艦に当たるのはまれで、伊江島周辺で攻撃され、木っ端みじんに散ってしまいました。

《若い命が海中へと散ったのです。この悲惨な姿を私たちは応援したのです。敵艦に当たれば「やったー、戦果を上げた」。当たらず、海中に散れば残念がりました。

国の勝利のみ、これこそが軍国教育です。国家に尽くすことが当たり前でした。このことは今まで戦争体験者として誰にも語れなかった心の闇でした。》

委代さんは長年、遺骨収集活動に携わってきましたが、特攻隊を応援したことへの罪悪感から自身の体験を語ることはしませんでした。２００９年、鹿児島県の知覧《ちらん》特攻平和会館を訪れ、遺影にわびました。「人間が人間でなくなる」。壕の中から沖縄戦を見つめた委代さんは、この言葉をかみしめています。

❖安里　一三さん（87歳）北中城村

＊戦争に備え、食糧増産

北中城村の安里一三さんから墓や自然壕での避難体験をつづったお便りが届きました。米軍上陸の翌日（１９４５年４月２日）、北中城村に進攻した米兵に捕らわれ、収容地区に送られました。

◇

安里さんは１９３２年７月、当時の中城村（現北中城村）喜舎場《きしゃば》で生まれました。８人きょうだいの次男で、７歳の時に本家の養子となります。実父の永太郎さんはハワイでの出稼ぎを経て、郵便局長を務めていました。３歳上の兄、憲治さんは県立一中に進みます。

通っていた喜舎場国民学校には奉安殿があり、前を通る時にはお辞儀をしました。上の学年の児童は軍事教練に励んでいました。

44年8月、第62師団歩兵第64旅団が喜舎場国民学校に旅団本部を置きます。旅団の上官は喜舎場内の民家で暮らしました。

一三さんは6年生でした。「校舎は全部、日本軍に取られ、われわれは学校に行けなくなった。その後は勉強はやらずに畑へ行った。食糧増産ですよ」と振り返ります。喜舎場は稲、イモ、野菜、大豆の産地でした。

集落内の民家では防空壕造りが進みます。一三さんの家でも一畳程度の広さの防空壕を築きました。地面に穴を掘り、板でふたをして土をかぶせただけの簡単な造りでした。10月の10・10空襲では上空を米軍機が通過しましたが、被害はありませんでした。

＊米軍上陸迫り、墓に避難

1945年3月末、喜舎場が米軍の空襲や艦砲射撃にさらされます。米軍の上陸が迫っていました。一三さんは養父母の2人と共に3月25日ごろ、家族の墓に避難します。

墓は、集落内の家から200メートルほど離れた場所にあり、現在の米軍キャンプ瑞慶覧内に位置します。「墓の中にあった骨壺を全部外に出して中に隠れました」と、一三さんは語ります。

墓に隠れていたのは数日で、その後、集落外れの自然壕に移動します。避難場所を変えた理由は「お墓は表通りに近く、米軍にすぐ見つかってしまう恐れがあったからではないか」と推測します。

《その壕は私が住んでいた部落（喜舎場）の西の端っこにある山の中、岩と岩の間に壕はあった。入り口は傾斜になっているが、2メートルくらい進むと、やや平坦になった。幅は2メートルくらい、長さは

10メートルくらいの大きさだった。
そこに3家族10人余が避難していた。昼はじっとして壕にこもり、夜になると食べ物を取りに家に行っていた。》

自然壕の場所は現在の村生涯学習施設「あやかりの杜」の付近です。一三さんは壕の中で艦砲弾が飛ぶ音を聞き、壕の入り口から北谷の沖合に浮かぶ米艦船を見ていました。

＊集落に米兵　誰も抵抗せず

1945年4月1日、沖縄本島の中部西海岸に上陸した米軍は、日本軍の激しい抵抗を受けないまま進攻します。その日のうちに、一三さんらが避難していた壕のある中城村喜舎場に米兵が現れます。

《4月1日午前、米軍は北谷の海岸に上陸したのである。大変よい天気だった。その日午後1時ごろ、米軍は私の部落近くまで到着したのである。》

壕は見晴らしの良い場所にあり、避難していた住民は米軍の動きを見ていました。喜舎場国民学校に駐屯していた第64旅団は別の場所に移っていました。

「米兵がジープを乗り回していました。こっちには日本兵はいないし、もう静かですよ。弾は飛ばなかったし、空襲もありませんでした」

住民は米兵に捕まったら殺されるという噂《うわさ》を聞いていました。「日本兵も悪宣伝をしていました」と安里さんは語ります。

そして、2日午後2時ごろ、1人の米兵が銃を持って壕の中に入ってきました。「壕にいた大人の1人が『相手は1人だ。みんなでたっ殺《くる》そう』と言い出したんですが、誰も反応しませんでした。みんなびくびくして、同調しないんです。抵抗していたら、どうなっていたか」

住民は壕を出て、米軍のトラックに乗せられました。

＊各地を転々　喜舎場に戻る

トラックに乗せられた一三さんらは越来《ごえく》村（現在の沖縄市）越来に運ばれ、瓦ぶき2階建ての家で一夜を過ごします。翌日、具志川（現うるま市）方面の民家に移動しました。

「米兵につかまれば殺される」と思い込んでいた安里さんは越来に運ばれた後、殺されずに済むと感じました。「沖縄系のハワイ二世の米兵がいて、安心しました。もう大丈夫だなと思いました」と語ります。

その後、美里村（現沖縄市）桃原の茅《かや》ぶき小屋で過ごしました。そのころ中城城跡で戦死者の遺体を埋葬する作業に従事したといいます。

「農業用の大きなフォークで死体を担架にかき入れて4人で運ぶ。民間人らしき男女や日本兵のような死体が20体はあった」と安里さんは振り返ります。遺体は城跡の西側に掘った穴に埋められました。「穴を掘り返してなければ、人骨は今も残っているはずだ」

桃原で1カ月ほど過ごし、さらに東側へ1キロほど離れた場所に移動し、林の中に建てられたテント小屋で過ごします。米軍の泡瀬飛行場建設に伴う移動とされています。この地は「新桃原」と呼ばれていました。現在のうるま市前原のイオン具志川店付近です。

さらに中城村安谷屋《あだにや》を経て安里さんは1946年夏、喜舎場に戻ります。家は焼けてなくなっていました。

＊3歳上の兄、戦争で犠牲に

安里一三さんは収容地区を転々としている間、前原高校に入学しました。一時コザ高校に在籍し、野嵩《のだけ》高校の一期生として卒業しました。今の普天間高校です。

「机や椅子はありません。生徒が作ったんです。鞄の中にはいつもハンマーが入っていました。生徒が高校を築いたんです」

野嵩高校では芥川賞作家の大城立裕さんが教壇に立ち、文学を指導していたことを覚えています。何もない学校でしたが、生きる希望はありました。卒業後、米軍基地や野菜店で働き、後に郵便局に勤めました。

沖縄戦では3歳上の兄、憲治さんを失いました。県立一中の生徒で鉄血勤皇隊の隊員となり、繁多川《はんたがわ》で亡くなりました。

『北中城村史』に収められた一三さんの実父、永太郎さんの証言によると、憲治さんは米軍上陸前の一時、喜舎場にいました。永太郎さんは那覇に戻らぬよう説得しましたが、「非国民扱いされる」と心配する憲治さんを止めることはできませんでした。

永太郎さんは「当時の教育を受けていたらそうなって当然だったかもしれませんが、私の本音としては行かせたくありませんでした」と語っています。

『北中城村史』によると161人の喜舎場住民が戦争で亡くなりました。集落の慰霊碑に憲治さんの名が刻まれています。

❖津波　高徳さん（86歳）那覇市

＊米軍の空襲始まり避難生活

那覇市の津波高徳さんから南城市内の2カ所の壕での体験をつづったお便りが届きました。津波さんは南城市知念の海沿いで米軍に捕らわれ、名護市の収容地区に送られます。

◇

津波さんは1934年3月、佐敷村（現南城市）津波古で生まれ、父高吉さんや母カマさん、兄たちと暮らしていました。高吉さんは足が悪かったといいます。長兄の武夫さんは後に少年兵として戦場に動員されました。佐敷国民学校に通っていましたが、44年10月の10・10空襲以降、登校することはありませんでした。「学校どころではなくなりました」といいます。

壕での避難生活が始まったのは45年3月末、米軍の空襲と艦砲射撃が始まった頃からです。「艦砲が来て、避難しなければならなくなりました。偵察機も飛んできて、ビラをまいたこともありました。内容は覚えていませんが、読んだ記憶があります」

壕は津波古集落の西側を流れていたチブガーラという小川の上流にありました。現在の馬天小学校の右手を流れる小川に沿って坂道を上ったところに津波古住民は壕を掘っていました。

一家の壕はチブガーラの源流にあった小さな滝の近くに掘ったものです。「そんなに深い壕ではありませんでしたが、そこに叔父の家族らと入っていました。港川辺りから艦砲が飛んでくるのが分かりました」と高徳さんは語ります。

＊米軍、運玉森まで攻め込む

1945年3月末、空襲や艦砲射撃が始まって以降、津波高徳さんは津波古の集落からチブガーラ上流部にあった壕に移動し、避難生活を続けていました。

《艦砲の音を耳にしながら、湿度の高い壕で衣ジラミ取りに夢中でした。》

川が近くにある壕の中は湿度が高く、シラミが大量に発生しました。「衣ジラミがいっぱいいてね。ひなたぼっこをしながらシラミをつぶすのが壕での唯一の楽しみでした」と津波さんは語ります。

壕ではウムクジ（芋くず）に黒砂糖を混ぜて食べました。どこの家庭にもあった食材でした。

5月末、戦火が迫ってきます。

《親戚の防衛隊員が腕に大けがを負い、壕の中に飛び込んできた。彼によると、敵は運玉森《うんたまむい》まで攻め込んできたとのこと。それを聞いた一同は大騒ぎになった。》

西原町桃原と与那原町与那原にまたがる運玉森は激戦地として知られています。米軍は「コニカルヒル」と呼びました。5月13日以降、日本軍と米軍の接近戦が続きました。

「運玉森で米兵がヤギみたいな声で叫んでいたと叔父は話していました」

津波さんが叔父から聞いた話です。米軍の記録によると、戦闘中、多くの米兵が心を病んだといいます。

運玉森の惨状を物語るようです。

＊叔父の判断で知念半島へ

津波さんの家族らが避難していた壕がある津波古に戦火が迫っていました。どこへ避難すべきか、壕の中で家族や親戚が話し合います。1945年5月末から6月にかけてのことです。

《日本軍がいる南部の摩文仁方面か、やや無風状態だった知念半島に行くか迷っていると、軍隊経験があった叔父が知念半島に行くことを決め、叔父の友人がいる志喜屋を目指した。》

日本軍が摩文仁に移動することを壕内にいた家族らは知っていたと津波さんは話します。日本軍が行く所は安全だと考える人もいましたが、叔父は日本軍が手薄な知念半島が良いと考えました。津波さんは「戦争を知っている叔父の本能が、そうさせたのかもしれません」と話します。

津波古住民の中には摩文仁に避難した人もいましたが、その多くが亡くなったといいます。叔父の判断が家族の運命の分かれ目となりました。

家族は知念村（現南城市知念）の志喜屋に向かいます。しかし、父の高吉さんは足が悪かったため母のカマさんと津波古の壕に残りました。「父は遠くまで歩ける状態ではなかったです。私たちも避難するので精いっぱい。仕方なく母が残りました」と高徳さんは語ります。

＊命救った「タタンシチー」

津波古の壕を離れ、志喜屋に到着した津波さんは、叔父の知人の案内で自然壕に隠れます。

《早速、避難場所を案内してもらい、山手の自然岸の裂け目に一同が腰を下ろすことになった。私たちの命を救った第一の場所、タタンシチーである。》

「タタンシチー」は志喜屋の10戸ほどの住民が隠れた壕です。

『知念村史』には「志喜屋から玉城村垣花へ上る坂道にある熱田原貝塚の南側の崖下にある。入り口約7メートル、高さ2・5メートルで、畳を敷いたような平滑な石が入り口にあり、外部から完全に遮断された洞窟である」と紹介されています。

近くにある「ヤローヤー」という壕と共に「志喜屋で最も安全な壕であり、兵隊も入ってこなかった」といいます。

この壕で2晩ほど過ごした後、米軍が近くまで来ているという叔父の指示で再び津波古の壕に戻ることにしました。

《日が暮れるのを待ち、荷物を担ぎ、壕を出て歩き始めた途端、進行方向の左側の草むらから一斉射撃を食らった。闇中、閃光に恐れをなしてタタンシチーに戻った。一人の犠牲者もなかった。》

津波古に戻るのをあきらめ、タタンシチーに戻った津波さんは、黒糖と芋くずを湯で固めた携帯食を食べて過ごし、脱出の時を待っていました。

＊米軍に捕らわれ名護へ

米軍から逃れ、知念村志喜屋のタタンシチーに隠れていた津波さんの家族らは新たな避難先を求め、壕を出ます。

《壕から出た後は4、5人ずつ集団になって、行く先もなく逃避していった。叔父と私たち兄弟は志喜屋の海側に転々とある大岩の陰に身を潜めていた。一人の日本兵がサトウキビ畑を掃討中の米軍に見つかり、銃で撃たれるのを目撃した。》

日本兵はバケツや荷物を持ち、津波さんらが隠れていた場所から約50メートル離れた場所にいて米兵に狙撃されたのです。この場所も危険でした。その後、掃討戦を続ける米兵に捕らわれます。

《逃げ隠れするうちに「しまぐゎー」という部落に着き、捕虜となった。集められた者の中には顔見知りの人たちも多かった。》

「しまぐゎー」とは現在の南城市知念の具志堅集落のことです。「あちこちに避難していた馬天《ばてん》（津波古）の人たちが集まっていました。自爆用の手榴弾を持っている人もいました」と津波さんは語ります。

津波さんらはその後、具志堅から佐敷村（現南城市佐敷）の屋比久にあったテント小屋に移動します。

＊収容地区でマラリア流行

米軍に捕らわれた津波高徳さんは佐敷村屋比久のテント小屋を出て、米軍のＬＳＴ（戦車揚陸艦）で久志村（現名護市）辺野古に運ばれ、大浦や大川の収容地区に移動しました。

《辺野古に陸揚げされ、久志の大浦、大川に分散し、居住を強制された。大川ではマラリアが流行し、多くの老人たちが犠牲になった》

その後、佐敷村津波古の壕で別れた母カマさんが現在の宜野座村漢那の収容地区にいることを知り、会いに行きました。カマさんと一緒に壕に残った父の高吉さんは亡くなっていました。夫の最期をカマさんは詳しく語ることはありませんでした。

収容地区で日本軍の敗残兵に襲撃されたことがあります。

「2、3人の敗残兵が食糧をあさりに来ました。1人は銃を持っていました。住民は米軍から缶詰をもらっていました」

壕に隠れ、本島南部の激戦地を逃げ回った年から75年になります。新型コロナウイルスの感染拡大の中で高徳さんは収容地区のことを思い出しています。

《現在のコロナとは病態は異なるが、マラリアで犠牲になった老人たちと重なって見えてくる今日この頃です。》

❖比嘉　初枝さん（83歳）　豊見城市

＊3家族15人で壕に隠れる

比嘉初枝さんが、玉城村（現南城市玉城）前川集落住民が避難した「前川民間防空壕」の体験記を送ってくれました。比嘉さんの証言を併せて紹介します。

◇

前川集落の北西に、住民の生活用水として長年使われてきた「前川樋川《まえかわひーじゃー》」があります。その周囲に約40カ所の壕が今も残っており、「前川民間防空壕群」と呼ばれています。1944年の10・10空襲の後、前川住民が2、3世帯が一組になって壕を築きました。『玉城村史　戦時記録編』（2004年刊）はこう記します。

「多くの壕は入り口はしゃがんで通れるくらいの高さで、中はやや広く、隣り合う壕が内部で連結するという構造になっている。字前川区近くに米軍が進出してきた際には多くの住民が南部具志頭方面に避難した」

前川で生まれ育った比嘉さんらが避難生活を始めたのは45年3月23日のことです。最初は屋敷内に掘った壕に隠れましたが、空襲が激しくなり、前川樋川の上部に掘った壕に移動します。父母と3歳上の兄、弟、祖母、母の親戚ら3家族15人が3畳ほどの壕に隠れました。

《毎日、空襲と艦砲射撃の音ばかり。子どもながらも戦争の怖さを思い知らされた。》

壕は集落内の屋敷から直線距離で約400メートル離れています。「子どもの足で家から壕まで10分くらいかかりました」と話します。近くには日本軍の炊事場が置かれていました。この壕に約3カ月、避難します。

＊祖母と弟　砲撃の犠牲に

1945年3月末に始まった米軍の空襲と艦砲射撃から逃れ、前川樋川周辺に住民が掘った壕へ避難した比嘉さんはイモを食べ、飢えをしのぎます。

《日々戦争が激しくなり、弾丸飛び散るその中を、夜は食糧探しに大人は時々出掛けた。》

イモは壕の周囲にある畑から掘ったものです。他人の畑でもかまってはおれませんでした。壕の入り口に石積みのかまどを作り、シンメーナービでイモを炊きました。

本島中部西海岸に上陸した米軍が南部に近づき、戦闘が激しくなったころ、同じ玉城村の船越集落から叔父がやってきて、壕を出て別の場所へ避難するよう勧めました。

「叔父は『南へ下がるんだったら知念方面に行きなさい。糸満方面は危ない。死ぬしかないよ』と教えてくれましたが、両親は『どうせ死ぬのなら前川で死んだほうがいい』と言って、そのまま壕に残りました」と比嘉さんは話します。

しかし、米軍の砲撃で祖母と弟の正行さんが犠牲になります。隣の壕にいた医師が正行さんを看病しましたが助かりませんでした。壕にいた父太郎さん、母キヨさん、キヨさんのいとこも負傷しました。初枝さんも首と指に傷を負いました。その痕が今も残っています。

前川の壕に危機が迫っていました。

＊米兵呼び掛けで壕出る

比嘉初枝さんが隠れていた壕がある玉城村前川に米軍が迫っていました。「米軍に捕まれば男は殺され、女は辱められる」という話が広がっていました。父と兄は壕を出ます。

「他の家族でも男は壕を出て逃げ回っていました。女性やお年寄り、小さな子どもが壕に残ったのです。疑問には感じませんでした」と比嘉さんは語ります。

6月に入り、米兵が壕の周辺に姿を見せます。

《突然米兵がやってきて「カマン、カマン」と手招きをした。私は泣きながら手を上げた。その後、米兵は壕の中をのぞき込んで、けが人が歩けないことを見て「ザッツオーライ」と言って去った。米兵は担架を持ってきて母やいとこを運んでいった。》

比嘉さんらは知念村（現南城市知念）知念の海沿いの集落でしばらく暮らします。父、兄とも合流しました。

戦火が収まった後、比嘉さんは衣類を取るため前川集落に戻り、壕も訪れました。入り口に積んであった芋から芽が出ているのを見て戦争中のことを思い出し、涙がこぼれました。

「前川民間防空壕群」は住民の命を守りましたが、失われた命もあります。「集団自決」（強制集団死）も起きています。

比嘉さんは戦後、この悲しい地を訪れていません。

❖古波鮫　孝子さん（81歳）　西原町

＊義母、新たな命育む

壕で救われた命があり、失われた命がありました。壕に救われた命は新しい命を宿していました。西原町の古波鮫孝子さんが義母スミさんの体験を語ってくれました。

◇

孝子さんの義母、スミさんは1945年、激しい地上戦のさなか、3人の子を連れて糸満の壕を転々とし、命を守りました。日本兵に壕を追われたこともありました。

この時、スミさんは4番目の子を身ごもっていました。防衛隊に取られた夫は戦死しました。

米軍に捕らわれたスミさんは11月、収容地区となった金武町中川区で女の子を生みました。「芭蕉の葉や米軍の落下傘で赤ちゃんを包んだ、と義母は話していました」と孝子さんは語ります。家族はその後、うるま市塩屋を経て、天願と昆布の間にある「山天願」という地で暮らしました。

スミさんは米軍基地で働きました。長男で後に孝子さんと結婚することになる唯釋さんは、収穫が終わった畑に捨てられていた小さなイモを拾い集め、家族で食べたといいます。

スミさんは20年前に他界し、唯釋さんも1年前にこの世を去りました。病床では戦争や亡き母のことを回想していたそうです。

「義母のことを思い出し、夫は涙を流していました。『母と二人三脚でやってきた。どこにもいない母だった』と話していました」と孝子さんは語ります。

新たな命を育み、支え合う。戦火を逃れ、壕で身を守り、懸命に戦後を生きた家族でした。

2. 捕らわれた日

激しい地上戦から逃れ、山中や壕に隠れていた住民は徐々に米軍に捕らわれ、各地の収容地区（収容所）に送られます。

多くの住民は米軍に捕まることに強い恐怖を感じていました。「捕虜になれば殺される」という話が広まっていました。「捕虜になることは恥だ」という考えも根強かったのです。

それでも、米軍の進攻で極限状態に追い込まれた住民は米軍に捕まり、「捕虜」となりました。収容地区でも飢えや病気に苦しみました。

いつ、どのような形で米軍に捕まりましたか。そのとき、何を感じましたか。

75年前の出来事を紹介します。

❖比嘉　由照さん（82歳）八重瀬町

＊空襲警報のたび壕に避難

目の前に現れた米兵に驚き、死を覚悟して捕らわれ、トラックに乗せられて収容所へ。多くの沖縄戦体験者がたどった道です。八重瀬町の比嘉由照さんから体験記が届きました。

◇

比嘉さんは１９３８年２月、玉城村（現南城市玉城）仲村渠《なかんだかり》で生まれました。米軍上陸時は７歳です。体験記はこう始まります。

《私が７歳になるとすぐに米軍上陸があり、戦争に巻き込まれた。母が率いる３人の弱者（私、祖母、弟）の彷徨《ほうこう》を忘れることができない。》

沖縄戦当時、由照さんは35歳の母ハルさん、77歳の祖母カマさん、２歳の弟盛徳さんと暮らしていました。のどかだった仲村渠の集落にも日本軍の陣地が造られ、きな臭い空気が漂うようになりました。

１９４４年10月の10・10空襲は住民に衝撃を与えます。

由照さんは集落内の幼稚園に通っていました。空襲の日の夕、那覇の市街地から立ち上った真っ赤な炎が天を焦がし、仲村渠の路地まで明るくなったのを記憶しています。

家族らは隣集落の垣花にある自然壕シチナクブに避難します。この壕は仲村渠住民の避難地に決まっていました。その後も空襲警報が鳴るたびに仲村渠集落からシチナクブに逃げました。

仲村渠の平和な暮らしが消え去ってしまいました。

＊日本軍、県民の行動を監視

1945年3月末、米軍の空襲と艦砲射撃が始まります。仲村渠で暮らしていた比嘉さんは母、祖母、2歳の弟と共に隣集落の垣花にある壕シチナクブに向かいます。

「黒っぽい風呂敷にいろんなものを詰めて、ガマまで担いで行きました」と由照さんは語ります。その日から2カ月余のガマでの避難生活が始まります。食糧不足に悩みました。

《シチナクブでは、母が食糧探しで壕の外を飛び回った。祖母は左腕の不自由な弟の面倒を見ていました。首里王府に奉職した祖先の位牌、神衣装を手放すことはありませんでした。》

壕内は張り詰めた空気が漂っていました。日本兵に怒鳴られた記憶があります。子どもであろうと、住民を疑いの目で見ていました。

《ガマの入り口の石灰岩に生えるグミの実を見つけ、幼稚園の遊び友達と熟れた実を取るため木を揺すったら衛兵に見つかった。恫喝《どうかつ》され、危うく斬り殺されるところだった。》

壕内で子どもが泣きだすと日本兵は厳しくとがめました。日本兵の態度について比嘉さんはこう記します。

《軍は県民の行動を監視し、スパイ扱いする偏見があった。グミの実を取ることもスパイ行為に結びつけるなど、島民にとって敵は米軍だけではなかった。》

＊飢える住民のいさかいも

玉城村垣花の自然壕シチナクブで母や祖母、弟と避難していた比嘉さんは壕内で艦砲弾の爆発音を聞き、おびえていました。

《近くで艦砲が炸裂《さくれつ》する中、壕内でなす術もなく、ただ直撃弾がないよう祈るのみであった。その時の着弾の地揺れの恐怖を今も忘れることはない。住宅近くをダンプカーが通る揺れにも過敏になるのである。》

食糧も不足し、壕にいる住民を飢えが襲いました。

《戦争は狭い壕内にひしめく住民に飢餓をもたらし、食糧に絡む人目をはばからない近親憎悪が起きたりした。母が外から持ち帰ったサトウキビだけをかじる日が続いた。》

壕周辺にある畑は既にイモや野菜が取り尽くされ、サトウキビしかないような状態でした。「1個のイモを巡って、壕に避難している家族間でいさかいも起きました」と比嘉さんは話します。目前で起きる争いにおびえ、涙を流しました。

壕内には日本兵もいました。

《すみ分けている軍は壕内の好位置を占め、食糧も足りていたようだ。》

日本兵が壕の外から女性を連れてきたことがありました。「粗末な服を着ていた母とは違い、華やかな服装だったのを覚えています」と話します。

一緒に避難していた叔父から、女性は「慰安婦」だったと後で聞かされます。

＊叔父が投降呼び掛け

１９４５年５月下旬、比嘉さんらは日本軍の命令で、避難していた自然壕シチナクブを追われました。比嘉さんらは戦場に投げ出されます。

壕を出た同じ門中の３世帯は共に行動しましたが、叔父とは途中ではぐれてしまいます。比嘉さん、母ハルさん、祖母カマさん、弟盛徳さんの４人は戦場をさまよいます。

《５月下旬、近くまで米軍が押し寄せたとき、同居する日本軍から理不尽な追い出しを受けた。指導者もなく、艦砲弾が飛び交う戦場を隠れ場を求めて這《は》うように進んだ。

ようやく探し当てた岩穴も先着者で隙間がない。入れずに立ち尽くしていたら、敵の目標になると追い払われ、祖母の出生の地である知念村具志堅に着き、岩陰などに潜んでいた。》

４人がたどり着いた知念村（現南城市知念）具志堅にもその後、米軍が進攻し、掃討戦を繰り広げました。

《焼け残った民家にこもっている４人は米兵に取り囲まれた。共に行動した門中３世帯は阿鼻叫喚《あびきょうかん》の中、蜘蛛《くも》の子を散らすように逃げていった。先に捕虜になり４人を案じていた叔父は米軍に従って「戦いは終わった。外に出ても安全だ」と呼び掛けた。》

壕内にいた日本兵から「鬼畜米英」の話を聞かされていた４人は、叔父の投降呼び掛けに動揺します。

＊祖母、息子を「スパイ」視

祖母のカマさんは投降を呼び掛ける叔父に対して、驚きの行動に出ます。叔父はカマさんの次男です。

《異様な雰囲気の中、信じがたいことが起こった。温和で柔和なまなざしで孫の私を育んでくれた祖母が、やせ細った体で、外から呼び掛ける次男へ「お前はスパイになったか。立ち去れ」と大声を発したのである。

救いに来た者への、真逆の言葉であった。それは死をかけた響きで、私は計り知れない衝撃で「まぶいうてぃ」（魂が一部抜けた状態）を起こした。》

実の息子に「スパイ」という言葉を投げつける祖母に由照さんはぼうぜんとしました。その後、叔父の懸命な説得で4人は小屋から出て、米兵に捕らわれます。

掃討戦中の米軍に対し、不慣れな住民が手りゅう弾を投げたものの爆発せず、逆に手りゅう弾を投げられ命を落とすという出来事もありました。生死は紙一重でした。

祖母の行動について由照さんは、「鬼畜米英」「軍民一体」の固定観念によるものだったと考えています。《敬愛していた祖母があの時とった行動は、「軍民玉砕」をもくろんだデマに流された、悲しくも煽動《せんどう》に弱い人間の側面だったのかもしれない。》

＊戦争の恐怖、トラウマに

叔父の呼び掛けに応じ、軍に捕らわれた比嘉由照さんらは、しばらく具志堅にとどまり、その後、玉城村（現南城市玉城）仲村渠に戻ります。

戦後、母ハルさんと戦争中のことを語り合ったといいます。壕を追い出され、日本軍と決別したことが生死の分かれ目になったとハルさんは考えていました。日本軍と行動を共にし、犠牲となった住民もいました。生き延びたのは「ご祖先の導きだった」と信じていました。

ハルさんは103歳まで生きました。位牌《いはい》と神衣装を携え、戦場を共にさまよった祖母カマさんを思い出し、涙ぐんだといいます。

艦砲弾の炸裂《さくれつ》音を壕内で聞いた恐怖はその後も比嘉さんを苦しめました。《夜中におびえた声を上げて起きることがあり、戸口に三男が心配顔でのぞき込んでいるのを見て安堵《あんど》することがよくあった。体験を基に平和ガイドを務めるようになったから発症は少なくなった。》

比嘉さんは5年ほど前から八重瀬町の平和ガイドとして活動し、自身の体験を語っています。

《戦争は全てを奪い取ろうとするものだが、叔父が投降の手助けしたように、絆は濃いのである。戦争の実態はいくら語っても語り尽くせない。》

❖大城　強さん（82歳）読谷村

＊日本軍応戦知り壕に避難

読谷村楚辺に住む大城強さんから、恩納《おんな》村での体験記が届きました。恩納岳をさまよった末、自ら家族がいる石川の収容地区へ向かいます。

◇

大城さんは1938年2月、恩納村恩納で生まれました。7人きょうだいの4番目です。父の保光さんは戦前、村収入役や助役を務めていました。

1944年8月、日本軍が恩納村に駐屯し、恩納集落でも日本兵が民家を間借りし、住民は兵士と共に暮らします。保光さんは住民の世話役で、日本軍との連絡役も担いました。各家では農産物の供出が始まりました。

恩納国民学校に通っていた強さんもツワブキを集めたといいます。

恩納集落で暮らす日本軍の中に朝鮮人がいたことを記憶しています。

「朝鮮の人たちは日本人にいじめられていたという話を聞きました。子ども心にも、朝鮮人はいつも後ろ指を指されているような雰囲気を感じていました」と強さんは語ります。

10・10空襲の日、読谷村の上空を飛ぶ米軍機を覚えていますが、当初は空襲という認識はありませんでした。強さんだけではなく集落前の道路に立っている日本兵の歩哨も、最初は空襲とは気付きませんでした。
その後、読谷の日本軍が高射砲で応戦していることを知り、住民は集落の班ごとに掘っていた壕に避難します。強さんも家族と集落近くの壕に避難しました。
空襲で壊滅状態となった那覇を離れ、国頭を目指す避難民が恩納村になだれ込みます。集落の空気は変わっていきます。

＊死を覚悟、恩納岳へ避難

1945年4月1日、米軍が本島中部西海岸に上陸します。大城強さんら一家10人は恩納集落近くの壕に逃げました。その後、恩納岳へ避難します。

日本軍は米軍の進攻を阻むため集落近くの橋を破壊しましたが、米軍はただちに修復し、北部への進攻を続けました。日米両軍の力の差を見せつけられました。

《我々0歳から15歳までの子どもを含む一家10人は、その橋からほど近い共同避難壕に避難していた。父親から「今日は最期の日となるかもしれないから、一番良い着物を着なさい」という指示があった。みんな覚悟を決め、山を越え、谷を渡って、さらに山奥の恩納岳の麓へと、長い逃避行の始まりとなった。当時、巷《ちまた》ではさまざまな噂《うわさ》が飛び交い、米軍に対する恐怖心を煽《あお》っていた。》

恩納住民の間でも「アメリカーに捕まったら女は強姦されて殺され、男は耳から耳に針金を通され、車で引きずり回される」という噂が広まっていました。大城さんは噂を信じ切っていました。

ところが、予想外のことが起きました。ひとりの米兵が山中に隠れている住民の前に現れ、一個の箱を置いていきました。中にはカンパン、チーズ、ジャムなどの食料品、たばこ3本が入っていました。

「米兵はおとなしそうな人だった」と大城さんは話します。

＊米軍襲撃で家族離散

大城さんら一家10人が恩納岳での避難生活を続けている間、山中で日本兵と遭遇することがありました。「敗残兵のような状態だった」といいます。

住民の食事の場に日本兵が現れ、食糧を求めることもありました。軍服から着物に着替えて避難民を装い、住民に混じって集落内で食糧を探す兵士もいました。

「山の中では、それほど食糧に苦労することはなかった」と大城さんは語ります。食糧確保のため、大人たちは山を下り、畑にあった野菜を持ち帰りました。集落から連れ帰った家畜を山中で処分し、肉を分け合ったこともあります。

そのような避難生活が大きな変化を迎えます。5月末か6月ごろ、米兵の襲撃に遭います。

《梅雨時の雨にずぶぬれになりながら毎週避難場所を変えて米軍から逃れていたある日、突然、米軍の襲撃を受け、家族はバラバラになった。両親を含む家族8人は米軍の捕虜となり、石川の収容所に送られた。7歳の私と11歳の兄の2人は山に取り残される羽目になった。》

家族8人は米兵に捕らわれた後、大城さんと兄の2人は叔父と行動しました。その後、石川の収容地区を抜け出した親戚が一緒に山を下りるよう説得します。

しかし、叔父は説得を拒みました。「彼らはだまされている」と言い張ったのです。

＊収容地区で母と再会

家族8人が米軍に捕らわれた後も、大城さんは兄、叔父と共に恩納岳山中に隠れていました。そこへ、石川収容地区にいる親戚が訪ねてきて、山を下りるよう説得します。

《収容所は安全で食べ物もあり心配ないから一緒に来るよう両親から頼まれたという。しかし、一緒にいる親戚は、『みんなだまされている。子孫を残すためにも、お前たちは絶対行っちゃいけない』と頑張った。》

叔父は「だまされるな、スパイだ」と兄弟2人に言い聞かせました。大城さんも「捕虜になったら殺される」という噂にこだわっていました。その後も親戚の説得が数日続き、叔父もようやく「嘘ではないようだ」と態度を和らげ、収容地区に行ってみることにしました。

《夕暮れに恩納岳の麓をたち、尾根伝いに南下した。山を越え谷や川を渡って、照明弾の光にさらされながら収容所の金網をすり抜けた。民家の軒先で足を投げ出して寝ている母親の足に触れた時の感触はいまだに忘れられない。》

家族は収容地区内の7区（現うるま市石川の「世栄津森《ゆえつむい》」周辺）の民家にいました。屋内は人がいっぱいで母の静さんら家族は雑魚寝をしていました。「母に会うことができ、やっと生きることができたという気持ちだった」と大城さんは語ります。

大城さんはそのまま石川収容地区の住人となりました。

＊家荒れ果て、苦しい生活

兄と共に恩納岳を下りた大城強さんは家族と共に石川収容地区で暮らします。食糧には苦労しました。「屋嘉収容所にいた捕虜を乗せた米軍のトラックが石川を通る時、捕虜がお菓子を投げるんです。子どもはそれを拾っていました」と大城さんは語ります。

1945年秋以降、恩納集落の住民は故郷に戻ります。家は荒れ果て、生活できる状況ではありませんでした。住民は近くに建てた小屋で暮らしました。

大城さんの家族10人はけがもせず、戦火を生き延びました。「恩納村に軍事拠点はなく、大きな部隊もなかったためではないか」と大城さんは考えます。

《戦争体験といえば激しい戦闘状況や生死の狭間を生き抜いた話が強調されがちだが、われわれのように、軍事拠点がなかった地域を検証することも必要ではないか。現在の沖縄に置き換えてみると、全日本における米軍基地の70％超が沖縄に集中している。戦争になれば真っ先に沖縄が攻撃されるのは当然のことである。

二度と戦争を起こしてはいけない。戦争には勝者も敗者もない。双方に深い禍根を残す。われわれ人類はもっと過去に学ばなければならない。》

沖縄戦から75年、戦火を生き延びた大城さんの思いです。

❖安里　祥徳さん（90歳）　北中城村

＊奉仕作業で陣地構築

沖縄県立一中の2年生の時、一中通信隊として戦場に動員された安里祥徳さんから体験談が届きました。安里さんは日本軍と共に南部へ撤退し、糸満市摩文仁で捕虜になります。その後、ハワイ、米カリフォルニアの収容所に送られます。◇

安里さんは1930年1月、南米ペルーのリマ県にあるボカネーグラ耕地で生まれました。ペルーは、中城村（現北中城村）喜舎場出身の父祥昌さん、母カナさんの移住地です。安里さんは1937年まで暮らし、喜舎場に引き揚げます。祥昌さんはその後、ペルーに再渡航しました。

祥徳さんは喜舎場尋常高等小学校で3年生の1学期まで学んだ後、首里第二尋常高等小学校に転校します。県立女子工芸学校（後に首里高等女学校に改称）に進学した姉や同じ喜舎場出身の生徒のため、カナさんは首里で下宿を営みました。

1943年4月、祥徳さんは県立一中に入学しました。授業ができたのは44年4月まででした。「5月から陣地構築の奉仕作業が始まりました。小禄の飛行場、与那原では特殊潜航艇の基地を造りました。大里城跡では砲台造りもやった。教員も監督として奉仕作業に参加しました。授業はできなかったです」

10月の10・10空襲の日は首里大中町にいました。

「朝7時半、これから奉仕作業に出ようという時に空襲警報が鳴りました。空を見上げたら米軍機が飛んでいた。西海岸にあった日本軍の艦船が火柱を上げて燃えていました」

＊砲撃の中、鉄血勤皇隊組織

44年10月の10・10空襲の日、炎上する日本軍の艦船を首里大中町の高台から見ていた安里さんはその後、中城村喜舎場の実家に避難します。

「首里も危ないということで、生徒は自分の出身地に戻ることになりました。母も一緒に喜舎場に向かったと思います。宜野湾街道は国頭に避難する那覇の人でいっぱいでした」

1週間ほど喜舎場で過ごした後、首里に戻り、陣地構築の作業に追われます。11月になり、安里さんら県立一中の2年生は無線訓練を受けることになります。軍が派遣した大尉が指導しました。その時、自身が一中通信隊に動員され、戦場をさまようことになるとは思ってもいませんでした。

45年3月末、米軍の艦砲射撃が始まります。混乱の中、県立一中の生徒で鉄血勤皇隊が組織されます。

《米軍が島尻の具志頭方面に艦砲射撃を開始し、その砲撃音が首里までとどろいた。それが数日続いたので、学校の指示を受けずに多くの生徒が出身地の地方に分散した。

そういう状況の中でわが一中では連絡の付く範囲内での職員と生徒が集合して、3月27日に県立一中最後の卒業式を挙行した。式終了と同時に、3年生以上の生徒は日本軍支援部隊として沖縄一中鉄血勤皇隊を組織し、入隊した。》

＊米軍上陸2日前　通信隊入隊

一中鉄血勤皇隊に続き45年3月28日、県立一中2年生で一中通信隊が組織され、電信第36連隊に入隊します。安里さんはその頃、実家のある中城村喜舎場に戻っていました。

母カナさんや姉、妹ら家族と共に集落西にある壕に避難していました。現在の村生涯学習施設「あやかりの杜《もり》」の近くです。そこへ29日、具志川村（現うるま市）出身で県立一中同期の友人が訪ねてきました。

「友人が来て『みんな通信隊に入隊した。一緒に行こう』と私を誘ったんです。私は行くことに迷わなかったし、家族も止めませんでした。家に戻って仏壇に手を合わせて、無事に帰ってくるようにと家族でお祈りしました」

安里さんは同じ喜舎場出身の親類で一中同期の安里憲治さんを訪ね、通信隊のことを家族に伝え、友人と共に那覇に向かいました。30日、繁多川にある電信第36連隊本部で入隊しました。その後、安里憲治さんも入隊します（本書176ページ参照）。

《繁多川に布陣した連隊本部で組み分けを受けて、第4中隊、第5中隊、第6中隊、固定中隊に分散、配属された。その場で軍服と軍靴が支給され、上衣の襟元には陸軍2等兵の階級章を取り付け、陸軍2等兵として勤務を開始することになった。》

2日遅れで入隊した安里さんは、電信第36連隊の第5中隊に配属されました。米軍上陸の2日前のことです。

＊眠らず交信任務に従事

安里さんは第5中隊の2等兵として通信業務に就きます。

《四つの中隊に配属された私ども新2等兵の半数以上はさらに下士官が班長として指揮する幾つかの班に編入された。主な業務は沖縄県内に分散布陣した幾つもの守備隊と球部隊本部との間に仲立ちして、無線交信の任務を負うのであった。

私が配属された白沢班は首里城南側の斜面に陣を構えた。伊江島守備隊との交信が主要任務だった。》

白沢班が置かれたのは、現在の首里城南側の首里城南口バス停付近にあった古墓「ジングンジュウウスメーの墓」のそばの自然壕です。4人が2組に分かれて24時間交代で働きました。

《主たる勤務内容は、学徒兵が野戦用簡易発電器のクランクを手回しして発電し、送信担当兵が電文を

送信。深夜は一睡もせずの勤務なので睡魔との闘いでもあった。非番の翌日は昼食抜きだった。》

安里さんら学徒兵は伊江島から受信した電文を持って第32軍司令部に届け、司令部から伊江島への指示を伝える電文を持ち帰りました。電文を届ける途中、西海岸に浮かぶ米艦船が盛んに砲撃しているのを首里の高台から見ていました。

「この戦はどうにもならないと感じましたね。だけど仲間には『負ける』とは話しませんでした」

＊同郷の学友が戦死

米軍は45年4月16日、伊江島に上陸します。激戦の末、21日に日本軍は壊滅しました。多くの住民が戦闘に動員されました。「集団自決」（強制集団死）も起きています。

電信第32連隊第5中隊の白沢班で伊江島との交信を担っていた安里祥徳さんの元には電信が来なくなっていました。班長は「伊江島が陥落したようだ」と安里さんに伝えました。通信の任務がなくなり、真和志村（現那覇市）繁多川の中隊本部に戻りました。

任務中、特攻機の飛来を幾度か見ました。

《那覇上空にかすかな爆音を立てて数機の飛行機が近づいてきた。「わあ、特攻機だ」と叫びながら住民や将兵が壕から飛び出してきて、那覇上空に向かって「万歳、万歳」と叫んだ。》

しかし、米軍の猛攻に遭い特攻機は次々と撃墜されました。「艦船に体当たりできる状況ではありませんでした」と安里さんは語ります。

中隊本部に戻って以降の任務は炊事場で炊いた食糧の運搬（飯上げ）、飲料水の補給、ランプの掃除、交代制による4時間の歩哨などでした。壕の中ではシラミに悩まされました。

4月29日ごろ、飯上げの途中、同郷の安里憲治さんら4人が直撃弾を受けて亡くなりました。「かわいそうだった。いつか自分もやられると考えた」と安里さんは語ります。

＊豪雨の中撤退、大混乱に

米軍が首里に迫り、電信第36連隊は1945年5月27日、南部に撤退します。安里さんがいた第5中隊は雨の中、真和志村繁多川の壕を出ました。撤退前、カンパンや戦死者が持っていた銃の配給がありました。

《夜8時ごろ、われわれは銃を担う一方、担架に負傷兵を担いで壕を出た。外は豪雨だった。わが中隊は識名、南風原、東風平に向かった。どこから寄せてきたのか、いつの間にか暗闇の雨の中を南に向かってさまよう大群衆が出来上がった。群衆は身内の仲間からはぐれまいと大声を張り上げて叫び合い、悲鳴を上げたりして、泥に足を取られながら南へ流れた。》

安里さんは「撤退は大混乱でした」と語ります。

「島尻撤退の時は田んぼのような道になっていてね。歩いていて、片方の靴が泥に引っ張られて底が抜けてしまったんです。それで死んだ兵隊の靴と履き替えたんですよ」

負傷兵を担ぐのは苦痛で、何度も担架を放り投げたい気に襲われました。負傷兵がかぶっていた毛布が雨水で重くなっていたので捨ててしまいました。学友の渡久山朝雄さんに「安里頑張れ」と励まされ、歯を食いしばりました。

＊兵士が住民の壕を奪う

負傷兵を担架で運び、真和志村繁多川の壕から南部へ向かった安里さんは、夜が明けると凄惨《せいさん》な光景を目にしました。兵士や住民の死体が散乱し、多くの負傷兵や住民が泥の中を四つんばいにもがき、うごめいていました。

《所属する部隊や家族からはぐれた孤独な負傷兵や住民がもがいていた。野戦病院を尋ねる者がおれば、「私は生きています。踏まないでくれ」と声を掛けるあおむけの負傷兵もいた。だが、われわれは自分たちの負傷兵を担ぐので精いっぱいで、もがく負傷兵や住民を誰一人助けることができなかった。》

45年5月27日の晩に繁多川を出た安里さんら電信第36連隊第5中隊は真和志村識名、南風原村（現南風原町）津嘉山、高嶺村（現糸満市）与座、摩文仁村（現糸満市）米須などを経て、同村摩文仁の海岸の斜面にある共同井戸近くの自然壕に集まります。

負傷兵を運んでいた安里さんらは摩文仁への到着が遅れました。先に着いていた通信隊の仲間から、「第5中隊の兵士が摩文仁住民の壕を奪った」という話を聞かされ、驚きます。「軍の命令」として住民を壕から追い出したのです。

鍋や釜を持って壕を去るお年寄りや子どもたちを見ていた学友は、「とてもかわいそうだった。見ていてつらかった」と安里さんに明かしました。

第5中隊は住民から奪った壕に入ることで、兵士の命を守りました。そのことが戦後、安里さんの心の傷となりました。

＊下士官が「捕虜になれ」と諭す

電信第36連隊第5中隊が摩文仁に撤退して以降、安里さんら学徒兵は食糧確保に追われました。

《わが中隊の通信業務はなくなり、学徒兵の主要任務は中隊のための食糧確保に変わり、摩文仁の農地からサツマイモやニンジンを掘って食糧にした。畑のサツマイモは一週間ほどでなくなり、その後はサトウキビだけをかじって飢えをしのいだ。》

安里さんは「男たちが軍に駆り出されたため製糖作業ができず、サトウキビが畑に残ったのでしょう。キビがなければ餓死者が出たはずです」と語ります。

米軍の進攻で摩文仁は混乱に陥ります。第5中隊は20日に解散し、数人ずつに分かれて海岸の岩場に隠れました。安里さんは仲間2人と行動します。

22日夕、思いがけないことが起きます。

《22日の夕方、別部隊の下士官に「お前たち捕虜になれ」と説得された。「捕虜の虐待を禁止した国際的なハーグ条約というのがある。アメリカはそれを守るはずだ。この戦の先は見えた。悲しいことに日本は滅びる。だが、滅びた日本は新しく再建するのだ。新しい日本を再建するには、お前たち少年が立ち上がるのだ」。》

＊屋嘉収容所で仲間と再会

「国のために死ね」と教えられてきた安里さんは、「生きることが国のためになるのだ」という下士官の言葉に驚きます。下士官は「われわれは敵陣地に斬り込みに行く」と安里さんらに告げました。3人は説得に従います。

《6月23日、私ども3人は摩文仁の共同井戸方面に向かって歩き始めた。明るい日差しの浜辺には軍人や民間人の多数の死体があった。われわれは共同井戸側の道を通って丘陵地にたどり着き、近くにたむろしていた米兵たちに向かって両手を挙げて投降し、捕虜になった。

米軍はわれわれが拳銃や銃弾を隠し持っていないかを確認した上で、トラックに乗せた。トラックには既に捕虜になった十人余の軍人が乗っていた。その中に陸軍少将の高級将校も混じっていた。》

安里さんらはトラックで金武の屋嘉捕虜収容所に運ばれ、一中通信隊の仲間と再会します。傷病兵を共に担ぎ、「安里頑張れ」と励ましてくれた渡久山朝雄さんが、手榴弾で命を絶ったことを知らされます。

その後、安里さんは輸送船でハワイの収容所に送られ、さらにサンフランシスコの収容所に移動します。帰郷は45年11月のことです。開学したばかりの前原高校に編入しました。

安里さんは「多くの同級生がけなげな人生を送ったことを誇りに感じている」と語ります。

＊摩文仁住民にわびる

一中通信隊として戦場に動員された安里祥徳さんは前原高校を卒業後、沖縄外語学校や琉球大学で学びました。1972年、沖縄バヤリースを創設しました。

沖縄戦から歳月が流れましたが、安里さんは同じ部隊の兵士が摩文仁で住民の壕を奪ったことが忘れられずにいました。

《摩文仁への撤退後、私が配属された第5中隊は民間人の堅固な壕を奪ったので、犠牲者は中隊本部から離れた分隊勤務者と中隊解散後の数人を合わせて11人。第6中隊は民間人の壕を奪うことはせず、防備不十分な岩陰を陣地としたため、34人の入隊者中、戦死者は28人で生き残りは6人のみである。》

第6中隊は多くの学友が亡くなった。第5中隊の兵士によって壕を追い出された摩文仁の住民も多くの犠牲者が出たのではないか。安里さんは罪悪感を抱いていました。

沖縄戦から70年を経た2015年6月21日、安里さんは摩文仁を訪れ、「避難民を追い出したと聞き、大変な迷惑を掛けたと思った。本当に申し訳なかった」と住民にわびました。

「戦争は悪だ。絶対に繰り返してはならない」と安里さんは語ります。現在、北中城村喜舎場で果樹を育てながら、平和を願っています。

❖幸地　賢造さん（84歳）　西原町

＊避難した壕で生き埋めに

西原町の幸地賢造さんから体験記が届きました。家族で戦場をさまよい、糸満で米軍にとらわれます。家族を守ってくれた父への感謝を込め、初めて体験記をつづってくれました。

◇

幸地さんは1935年10月、南風原村（現南風原町）新川で生まれ、父の賢盛さん、母のカメさん、兄、姉、2人の妹らと暮らしていました。家は現在の沖縄南部医療センターの敷地にありました。「新川はやーどぅい（屋取）です。南風原の中でも小さな集落でした」と幸地さんは語ります。

賢盛さんは召集され、中国に二度渡っています。帰郷後、伊江島で飛行場設営に当たりました。

その後、賢盛さんは日本軍によって新川に呼び戻され、軍のための食糧調達を担います。「イモや野菜を集め、軍に提供する係です。父は当時、新川の区長だったため、そのような業務を担ったのでしょう」と賢造さんは話します。

兄は県立第一中学校に入学し、後に一中通信隊として戦場に動員されます。家族が戦争に巻き込まれていきます。

45年3月末、米軍の艦砲射撃が始まります。家族は家の背後にあった壕に隠れました。ところが壕近くに砲弾が落ちて家族が生き埋めとなり、危うく命を落とすところでした。

真和志村（現那覇市）真地にある母カメさんの実家近くに避難する考えでしたが、日本軍が高射砲陣地を構えており、隠れる場所はありませんでした。

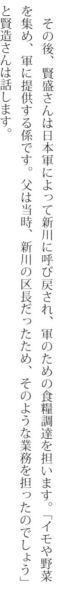

＊住民に責められ壕出る

米軍の砲撃で壕を失った幸地賢造さんの家族は、南部に避難先を求めます。父賢盛さん、母カメさん、姉、弟、２人の妹や弟ら8人が行動を共にしました。

新川をたった時期ははっきりと覚えていませんが、「4月に入っていたと思う」と賢造さんは語ります。自然壕や石垣に隠れながら、ゆっくり移動しました。

《父を先頭に母は三女をおぶって頭に荷物を載せ、姉も四男をおぶって頭に荷物を載せていた。三男の僕と妹の次女はかばんを背負い、皆一団に昼は自然の穴や木の下、石垣に身を隠した。夜は照明弾が上がると消えるまで制止し、消えたら前進の繰り返し。》

家族は一日橋を経て、南風原村津嘉山、豊見城村（現豊見城市）の長堂、兼城村（現糸満市）の武富、阿波根、潮平へと南下していきます。

途中、ある集落の自然壕に3日ほど滞在しました。すると先に避難していた地域住民から「あなた方が戦を持ってきたんだ。これまでは弾も飛んでこなかったのに」ととがめられたといいます。不穏な空気を感じ、賢盛さんの判断で家族は壕を出ました。その後、高嶺村（現糸満市）真栄里の入り口からなだらかな坂道を上って、真壁村（現糸満市）に入ります。

＊屋外警戒の父、犠牲に

真壁村にたどり着いた幸地さんの家族は隣り合った糸洲・小波蔵集落の民家に隠れます。「おそらく糸洲側の民家だと思います」と幸地さんは語ります。民家は避難民でいっぱいでした。

「家族は『きょう生きることができたね、明日はどうなるかね』という感じでした」と幸地さんは振り返ります。毎日、命をつなぐことで懸命でした。

家族を守るためだったのでしょう。父の賢盛さんは家の中には入らず屋外を警戒していました。その賢盛さんを米軍の砲撃が襲います。

《父は屋敷内の囲いの石垣と木の間で見張りをしているところを砲弾で命を落とした。昭和20年6月13日、38歳でした。その時、「軍神大舛中隊長の歌」を口ずさんでいた。僕は「父は生き返る」と思いました。》

賢造さんが口ずさんだのは、ガダルカナル島で戦死した与那国出身の大舛松市さんを讃《たた》えた「嗚呼　大舛中隊長」のことです。「決戦続く　ソロモンの　ガダルカナルは　堺台　ひしめく米鬼　斬り伏せて起てり大舛中隊長」という歌詞です。

なぜ、この歌を歌ったのでしょうか。賢造さんは「子ども心に思ったんです。そういう教育だったんでしょうね」と語ります。

＊米軍、避難先にも攻撃

父の賢盛さんを失った幸地さんの家族7人は、同じ民家にいた避難民と共に喜屋武村（現糸満市）喜屋武に向かいます。45年6月中旬のことです。米軍は喜屋武に迫っていました。

《僕ら母親、きょうだいは避難民ともども喜屋武を目指して歩き始めた。喜屋武の集落の西端を過ぎると家が1軒か2軒あった。石垣のそばにいる大人を見たら、母が『死んでいる』と言って腕をつかまれ、その場を離れた。右側には麦畑の中に井戸があって、死体が重なり合っていた。》

家族は来た道を戻り、喜屋武集落の東側へ向かいます。

《僕らも攻撃され、麦畑をさまよいながらも難を逃れた。そして茂みを目指した。アダン葉が生い茂っていて、そこに潜ると海が見えた。来た道を戻り、喜屋武集落を後にすると広い平野に出た。そこにトーチカらしい物がポツンポツンと幾つもあった。その一つに身を寄せた。》

賢造さんによると、トーチカのような建造物があったのは、1993年に開かれた全国植樹祭の会場となった「平和創造の森公園」（糸満市山城）と喜屋武集落の間にある原野だったのではないかとのことです。トーチカのような物はいずれも南の海を向いていて、中で避難民が身を寄せ合っていました。そこに米軍は容赦なく攻撃を加えました。

＊米兵に両手挙げ、捕まる

《避難民も大勢いて身を潜めていた。騒ぎがした途端、弾が撃ち込まれけが人が大勢出た。生き地獄さながらであった。「出てこい、出てこい」という声が聞こえる中、あるお姉さんが腹部をやられ、「あやーよー、あやーよー」（お母さん、お母さん）と泣いていた。》

独特のイントネーションで米兵が投降を呼び掛けていました。「二世の兵士だったのではないか」と幸地さんは話します。腹部を負傷した女性は幸地さん家族が住んでいた南風原村新川の顔見知りの女性でした。

命の危機が迫っていました。米軍が攻撃を続け、母カメさんもけがをしました。その後、1人の住民が手を上げて建造物を出て、幸地さんらも後に続きます。

《僕の母も弾が頭をかすめてけがをしていた。恐る恐る両手を上げて後から出て行った。あまりの恐怖と緊張で、生まれて初めて見る米軍は日焼けで赤鬼黒鬼に見えた。捕らわれてみて、そんなたくさんの人がいたんだと思った。》

幸地さんは「最初の1人が『大丈夫だよ』と言うので、みんな次々と出て行きました。最初の人は勇気があったんですね」と話します。

＊収容地区で母が妹出産

喜屋武集落のはずれで米軍に捕らわれた幸地賢造さんや家族は、トラックで宜野湾村の野嵩《のだけ》収容地区に運ばれます。

収容地区で母カメさんは女の子を生みました。カメさんが臨月を迎えていたことを全く知らなかったといいます。安子と名付けました。「母は強しですね」と賢造さんは語ります。

安子さんの誕生日は45年6月21日。父の賢盛さんが亡くなった8日後です。「父の生まれ変わりだね。もう少し生きていたら戦争が終わっていたのに」と家族で語り合いました。

野嵩は戦争前の集落や民家が残っており、各地で米軍に捕らわれた住民が押し込められていました。「本当にたくさんの人がいました」と賢造さんは話します。野嵩にいる頃、現在の普天間飛行場の建設作業を見たといいます。

その後、家族は野嵩収容地区から現在の宜野座村に置かれた古知屋《こちや》収容地区に移されます。古知屋では食糧不足に悩まされました。さらに南部に戻り、大里や与那原など各地の収容所を転々とします。不安定な生活が続きました。

父の死と妹の誕生から今年で75年です。家族を守ってくれた父の愛情は今も忘れません。今年も6月22日、「魂魄《こんぱく》の塔」を訪れ、父の冥福を祈りました。

❖山城　正常さん（86歳）南風原町

＊日本軍駐屯　街が変わる

南風原町宮平に住む山城正常さんから体験記が届きました。１９４４年の10・10空襲を体験し、米軍上陸後は大宜味村や東村の山中を逃げ回ります。山中では日本軍の敗残兵にも遭遇しました。

◇

山城さんは１９３３年7月、那覇市若狭で生まれました。父正矩さん、母カメさんの間に生まれた７人きょうだいの次男です。現在の旭ケ丘公園の近くの路地にあった長屋で暮らしていました。表通りに出ると、向かいには那覇地方裁判所がありました。沖縄戦の時は上山国民学校の5年生でした。

若狭の海岸は憩いの場でした。６歳上の兄の正和さんと楽しく過ごした海でした。そして、海は悲しい場所でもありました。１９４３年5月26日の嘉義丸の撃沈です。この船に正和さんが乗っていました。

《長兄が国民学校高等科を卒業後、関西の軍需工場に徴用された。任務を終え、帰郷のため大阪から嘉義丸に乗船、沖縄に向かうが奄美大島沖で米潜水艦の魚雷攻撃を受け撃沈された。戦時遭難船舶32隻の最初の船とされる。

乗員乗客３３９人が犠牲となった。兄は幸いにも生還した。南西諸島近海は既に敵潜水艦の出没する危険な海になっていたのだ。その後、若狭海岸に腐った箱詰めのタマネギ、温州ミカンなどの漂着がしばしばあり、悲しみを募らせた。》

嘉義丸撃沈は戦争の恐ろしさを身近に感じる出来事でした。翌年、正常さんの周囲で日本軍の駐屯が進み、街の雰囲気が変わっていきます。

＊慰安所に朝鮮人女性

1944年3月、第32軍が創設され、沖縄への日本軍駐屯が進みます。学校や公共施設が兵舎などとして軍に接収されました。那覇市若狭に住んでいた山城正常さんが通っていた上山国民学校も接収され、授業は中断します。

陣地構築や飛行場建設に住民が動員されました。若狭でも軍の施設が築かれました。

《若狭町在住者は南飛行場（浦添市仲西）に動員され、もっこを担ぎ、地ならしをさせられた。若狭の海岸線には石垣、岩場に穴を穿《うが》ち、銃眼が造られ、旭が丘、上之毛の高台には機関砲、那覇商校の校庭には高射砲が築かれた。》

那覇港では軍事物資の陸揚げ作業に「朝鮮人軍夫」が駆り出されました。

《満足な食糧を与えられないまま、大勢の朝鮮人が働かされた。緊迫した危機感に駆られて暴力を振う日本兵を確かに目撃した。》

朝鮮人の女性たちの姿も見るようになりました。若狭町に隣接する松山町に「慰安所」ができたのです。現在の松山公園のあたりです。

《松山町の空き屋の邸宅に「慰安所」が設けらた。若狭の炊事場に食糧をもらいに通う若い朝鮮人女性たちに憐憫《れんびん》の情を示すどころか罵声を浴びせ、からかった。沖縄人も差別されたが、沖縄人も朝鮮人をそれ以上に蔑視し、差別していたのだと思う。痛恨の極みだ。》

＊焼け野原の街を脱出

那覇市若狭町に住んでいた山城正常さんは松山町の「慰安所」を覚えています。

「海軍の水兵に『朝鮮ピーがいる所はどこか』と聞かれて案内したことがあります。朝鮮の女性は沖縄の女性と顔姿が違って見えました。子どもたちは石を投げたり、『朝鮮、朝鮮パカするな』と、からかったりしていました」

家族は本土へ疎開しませんでした。「死ぬ時は家族一緒」という父正矩さんの意思に従ったのです。長男の正和さんが乗った嘉義丸が米軍に撃沈されたことも影響しました。正常さんの3歳違いの姉は疎開を希望し、正矩さんに泣いてせがんだといいます。姉の友人ら疎開児童が乗った「対馬丸」は米潜水艦に沈められました。

44年の10・10空襲の日、山城さんは屋敷内の壕や海岸沿いの岩礁台地「上の毛」の墓に避難しました。

《10・10空襲は右往左往したあげく、海岸近くの誰のものとも知れない墓の骨壺を外に運び出し、中に避難して難を逃れた。那覇市は爆弾、焼夷弾の波状攻撃で9割は焼き払われ焼け野原となったが、わが家をはじめ若狭町の一部は被災を免れた。

夕暮れには墓を出て、恐怖に震えながら軍命に従い、燃え盛る街を後にし、田舎に向かった。親子着の

身着のまま、空腹を抱えてひたすら歩き通した。》

＊生還した長兄は再び召集

1944年の10・10空襲に遭った山城さんの家族は父方の祖父がいる現在のうるま市安慶名《あげな》に避難しました。

途中、宜野湾の松並木を通りました。「那覇からの避難民でごった返していました」といいます。夜通し歩き、安慶名に着いたのは朝の9時ごろでした。そこで10日余を過ごします。

《十数日後、避難先から戻って見た那覇市は灰じんに帰し、見る影もなく、こんなに狭かったのかと正直びっくりした。

焼け残った若狭町も県内外への避難で人影が消え、ゴーストタウンを思わせる情景に変わった。やがて空襲で焼け出された人々が移住してきて人口も増えたが、昔の賑《にぎ》わいとはほど遠く、軍車両、日本兵の動きのみが活発で、喧噪《けんそう》を極めていた。》

那覇港で荷役をしていた朝鮮人が多数犠牲になったという話を後に聞きます。

11月、沖縄に配備された日本軍の中でも精鋭と言われた第9師団の台湾転用が決まります。45年2月以降、戦力不足を補うため県民が防衛隊として動員されました。兄の正和さん、父の正矩さんも日本軍に取られます。

《嘉義丸から生還した長兄が不幸にも再び首里防衛に召集された。17歳だった。家族はひたすら幸運を祈って送り出すしかなかった。父は小禄の海軍部隊に召集されたが、短期で解放された。後々、それが大

きく幸いした。》

＊日本軍のトラックで北部へ

1945年2月中旬以降、本島中南部住民の「北部疎開」が進みます。山城さんの家族も疎開を迫られますが、ぎりぎりまで那覇市若狭にとどまりました。与那原に住む父方のおばあさんが「やんばるには行きたくない」と疎開を断ったためでした。

父の正矩さんは「一緒に行こう」と説得を重ねますが、おばあさんの意思は固く、おにぎりを置いて別れを告げたといいます。戦後、おばあさんは遺体となって見つかりました。

「私たちに迷惑をかけたくないという思いがあったのだと思います」と正常さんは語ります。

家族が日本軍のトラックで那覇を離れたのは3月中旬のことでした。近所に住む「散髪屋の照屋さん」一家3人と「玄米屋のおばあさん」も一緒でした。以後、大宜味村で米軍に捕らわれるまで10人余が行動を共にします。行く先は金武村（現金武町）の開墾地でした。

《1棟の空き屋があてがわれ、自給自足の生活を強いられた。周りに畑がなければ作物もない。持参の食糧も尽きかけ、裏庭に芋を植えたが、収穫を待たずに艦砲射撃が始まった。米軍の上陸作戦の開始だ。砲撃音と閃光《せんこう》が夜空を焦がす。読谷方面らしい。恐れていたことが現実になり、恐怖が募った。》

家族は開墾地にある壕に避難し、その後、金武観音寺にある鍾乳洞へと移動します。

＊夜間の逃避行、苦行のよう

金武の開墾地を離れた山城さんの家族は、金武観音寺の壕に避難します。「食べ物はほとんどなかった。黒糖をなめ飢えをごまかました」と山城さんは語ります。

読谷から来た２人の兄弟がハブにかまれ苦しんでいるのを見ました。血清はなく、刃物で皮膚を切り、血を抜くだけの治療でした。「とても気の毒でした」

米軍は金武に迫り、家族はさらに北を目指します。

《日暮れを待って北上を開始した。同じ思いの中南部からの避難民が路上にあふれた。夜陰に乗じた移動である。昼間は林や物陰に隠れ、敵機の攻撃を避ける必要があった。

夜間の逃避行は体力、気力が要り、睡魔に襲われ、つらかった。男手を奪われた子持ちの家庭には耐えがたい苦行だ。避難途中の道で見捨てられ置き去りにされた老人や子どもの悲痛な叫びを耳にしたが、いかんともしがたい。》

途中、幾つかの橋が壊されていました。米軍の攻撃だけでなく日本軍が米軍の進撃を妨げるため破壊した橋もありました。

《想像してほしい。荷物を頭に載せ、幼児を背負い、子どもを抱えて土手を降り、向こう岸にたどり着くことがどんなに大変なことか。》

２０２０年6月30日、金武ダムの広場に残る旧億首橋の写真が琉球新報に載りました。紙面を見た山城さんは当時の苦労を思い出しました。

＊防衛隊の姿に疑問感じる

金武を離れた山城さんの家族は金武村（現宜野座村）漢那、名護、羽地村（現名護市）伊差川、大宜味村津波を経て、塩屋湾に沿って大保《たいほ》を通り、喜如嘉《きじょか》にたどり着きます。

途中、母方のおばあさん、おばさん、10歳くらいの男の子と偶然出会いました。おばあさんは足が不自由で男の子も障がい児でした。北部を目指して一緒に歩きましたが、おばあさんらは歩みが遅く、途中で別れてしまいました。戦後、おばあさんと男の子は亡くなったと聞きます。

津波を通過する時、北上する米軍のトラックに追い抜かれました。「鍋や釜を頭に乗せ、一番下の2歳くらいの子をおんぶして、休み休み移動しました」と山城さんは語ります。

喜如嘉の集落で竹やりを手にした防衛隊を見かけました。山城さんは「子ども心にこれで戦争ができるのかと疑問に感じました」と振り返ります。

《集落は住民の姿はなく無人で、防衛隊らしきグループを見掛けただけ。二十数人のメンバーの中で銃を持つ者は4、5人で、他は竹やりを持っていた。まさしく棒兵隊と揶揄《やゆ》される装備の貧弱な日本軍の姿だった。

私たちも疲労困憊《こんぱい》し、北上を諦め、喜如嘉の山中に避難し、炭焼き窯を住まいにした。食糧は夜間集落に下り、他人の畑から作物を盗み取った。やむを得ぬ窮余の策だったと思う。》

＊食糧不足に苦しむ日々

大宜味村喜如嘉の山奥にある炭焼き窯に隠れていた山城正常さんの家族、散髪屋の照屋さん、玄米屋のおばあちゃんの10人余は食糧不足に苦しみます。時々、山を下り食糧を探しました。

「はぐれないよう、電車ごっこのように前の人の帯をつかんで、父を先頭に山を下りました。一度、玄米屋のおばあちゃんが谷間に落っこちたこともありました。イモを砕いて水炊きして食べました。食事という感じはしませんでした。ソテツも食べて、命をつなぎました」

栄養失調で一番下の弟のおなかが膨れていました。「弟はいつも泣いてばかりいました」と山城さんは語ります。シラミや疥癬《かいせん》にも悩まされました。

そのころ、父の正矩さんが山中で掃討戦をしていた米軍に捕らわれ、田んぼの中のおりに入れられます。残された家族はその間、食糧を求め、東村の有銘に移動します。

その後、正矩さんは「山の中に家族がいる」と米兵に訴え、解放されます。家族の元へ向かう途中、那覇から来た避難民と山中で出会います。

「垣花から来た家族で4、5歳の子を山に置き去りにしたまま有銘に行こうとしていました。困っていたのでしょう。見かねた父は子どもを連れて有銘まで同行しました。自分の家族のことを思ったのでしょう」

＊米兵に取り囲まれ連行

山城さんの家族らは父の正矩さんと東村有銘で合流します。集落には住民や日本兵がたむろしていました。家族は有銘を離れ、再び大宜味村に戻り大保集落近くの小屋に避難します。

大保の集落には日本兵が流れ込んでいました。「多野岳から逃れてきた宇土部隊の敗残兵だったようだ」と正常さんは語ります。日本兵は食糧のイモを持って帰ってくる家族を小屋の前で待ち構え「イモを半分よこせ」などと要求しました。

6月末、沖縄の日本軍が壊滅し、組織的戦争が終わったことを教えてくれたのも日本兵でした。「日本は負けた」と兵士は告げたといいます。その後も避難生活が続きました。

そして8月末、米兵に捕らわれました。那覇から共に行動した散髪屋の照屋さん、玄米屋のおばあちゃんも一緒です。

《避難小屋で朝食の支度をしていた時、足音もなく忍び寄った米軍の一隊に取り囲まれ、銃を突き付けられた。同時に小屋を焼かれ、捕虜として羽地村田井等に連行された。》

それは、あっという間の出来事でした。

「朝食の準備をしていると米兵に囲まれていました。『へーイ』と呼ばれ、振り向くと米兵に銃口を向けられ、そのまま連行されました」

家族ら10人余は羽地村田井等《たいら》の収容地区に送られます。

＊日本兵からスパイの嫌疑

田井等の収容地区に連行された山城さんの家族は、自分たちが日本兵からスパイの嫌疑をかけられていたことを避難民から聞かされます。

那覇から共に行動していた仲間の一人にペルーの移民経験者がいました。山中でスペイン系の米兵と会話することがあり、食糧をもらっていました。そのことを日本軍が疑ったのです。

「米軍に捕まるのが数日遅れていたら、日本兵に殺されていたかもしれない」と正常さんは語ります。

田井等ではテントで過ごしました。「食事はピンポン球くらいのおにぎり一個。食糧は足りませんでした」と山城さんは語ります。その後、田井等にある民家に移ります。母屋だけでなく豚小屋まで避難民でぎゅうぎゅう詰めでした。

山中には敗残兵が残っており、食糧を求めて田井等収容地区に姿を見せることもありました。避難民に注意を呼び掛ける放送がありました。

「夜《ゆーる》、ふかんかい　出じてぃならん。日本ぬ兵隊《ひーたい》とぅばっぺーらってぃ鉄砲しいり殺《くる》さりーぐとぅ」（夜、外に出てはなりません。日本兵に間違われ、射殺されます）

田井等では2年近く過ごしたと言います。米軍が那覇を占拠していたためでした。その間、山城さんは羽地の初等学校に通い、卒業後は田井等高校（現在の名護高校）に入学しました。

＊平和への思いを新たに

羽地村の田井等収容地区で2年ほど過ごした山城正常さんの家族は那覇に戻ります。生まれ育った若狭ではなく、港湾労働者らが居住する「みなと村」で暮らしました。

みなと村は、那覇港湾での作業の労務管理を円滑に進めるため47年から50年の間に設けられた特別な行政自治体です。区域は現在の那覇市奥武山、壺川、楚辺などの一帯です。正常さんの父、正矩さんは那覇港で働きました。正常さんは那覇高校に編入します。

米軍に沈められた嘉義丸から生還し、その後、防衛隊となった兄の正和さんは捕虜となりハワイの収容所に送られました。戦後、自身の戦争体験をほとんど家族に語らないまま２０１６年に他界しました。

沖縄戦から75年を経て、正常さんは平和の思いを新たにしています。

《戦争は憎い。戦争につながるすべてが憎い。戦争は死んでも生きても地獄だ。すべて戦争は平和の美名のもとに行われたが、全くの欺瞞《ぎまん》であることは今次大戦で証明された。

戦争ほど残虐非道なものはない。場所や体験も違っても、戦争を憎み、平和を求める心に違いはない。残り少ない人生、戦争の惨禍を見つめ、諦めず、死の際まで平和を希求していきたい。》

3. 収容所で

米軍に捕らわれた住民や軍人・軍属は各地の収容所（収容地区）に送られます。激しい戦闘に巻き込まれる心配はなくなりましたが、食糧が不足し、飢えに苦しむ人々がいました。マラリアがまん延し、多くの人々が亡くなりました。

学校教育が再開しました。青空の下、子どもたちが学びました。戦災孤児になった子もいました。収容地区ごとの選挙も実施されました。家族や友人を亡くし、財産を失った人々は失意を乗り越え、収容所で戦後の歩みを始めました。

あなたはどこの収容所に行きましたか。どのような出来事がありましたか。マラリアに苦しんだでしょうか。食糧事情はどうでしたか。学校では何を学びましたか。

収容所は戦後沖縄の出発点です。収容所での思い出を紹介します。

❖岳原　初子さん（86歳）　沖縄市

沖縄市の岳原初子さんから体験記が届きました。岳原さんはうるま市の生まれです。疎開先の東村で米兵に捕らわれ、田井等《たいら》や石川の収容地区で暮らしました。

◇

岳原さんは1934年7月、具志川村（現うるま市）江洲で生まれました。8人きょうだいの四女です。父の徳田有堅さんは日中戦争に兵士として動員され、その後も騎兵として日本各地で勤務しました。帰郷後は江洲区長を務めました。

1944年7月7日、政府は南西諸島の老幼婦女子の疎開を決めます。岳原さんの家族も母キヨさんと姉、弟2人の疎開の準備を進めました。ところが出発2日前、キヨさんは「死ぬんだったら一緒」と疎開に反対し、有堅さんと対立します。

9歳の初子さんは疎開を巡って言い争う両親の姿を見ていました。「こういう時は母が強かった。父はあまりものを言わない人でした」と語ります。結局、キヨさんが押し切り、疎開は取りやめとなります。

有堅さんは時々那覇でまとめ買いした新聞を家で読んでいました。初子さんはその新聞で10・10空襲を知りました。「那覇が大変になっているよ」と有堅さんが読み聞かせたそうです。時々、日本兵が家に訪ね、戦況について意見を交わしていました。

しばらくして家族は東村へ疎開することになりました。迫り来る戦争に家族が巻き込まれていきます。

＊母、泣く弟連れ壕の外へ

岳原初子さんら家族が東村へ避難した時期ははっきりしませんが、「10・10空襲のしばらく後。まだ暑い時期でした」と語ります。

岳原さんが通っていた学校の教師は早い時期の疎開に驚いていたといいます。

避難したのは両親、姉、妹、弟2人らです。長姉と祖母は江洲に残りました。馬車に家財道具を載せ、金武、名護を経て、3日かけて東村へ着きました。

家族は当初、集落内の一軒家で暮らしました。しかし、程なくして集落近くにある壕で避難するようになります。10・10空襲以降、北部3村には中南部から多くの避難民が集まっていました。45年2月に県が中南部住民を北部へ移動する「北部疎開計画」を出して以後、避難民はさらに増えていきます。食糧も不足するようになり、地元住民と避難民の摩擦も起きました。

その頃のつらい思い出があります。避難民や住民でいっぱいの壕で弟が空腹で泣き出し、壕内の人々からとがめられたことがありました。やむなく母キヨさんは弟を連れて壕を出たといいます。

「私は母の着物の帯をつかんで『殺さないで、殺さないで』と泣いてお願いしました。戦争はこういうもの。それは体験者しか分かりません。戦争が憎い」

＊米軍北上、家族と山奥に

1945年4月1日、中部西海岸に上陸した米軍は本島を分断し、南北へ進攻します。岳原さんが家族と共に避難していた東村でも米軍が海岸沿いを行軍するようになります。住民や中部から来た避難民は山中へ避難します。

岳原さんの家族は、東村有銘の山奥で炭焼きを営んでいるお年寄りの案内で避難場所を探しました。「ほかの住民や避難民が来ないような場所でした」

父の有堅さんは初子さんに海岸で塩水をくむ役目を言いつけます。塩水は食事を作るのに使うのです。

《夜空も見えない、太陽も顔をのぞかせない、私たち家族のほかには誰もいない山の奥。私はその時10歳で、「米軍機も子どもは狙わないだろう」という理由で、往復5時間かかる有銘の海へ水くみの仕事を言い渡された。大雨の日には流されて死ぬかも知れないと思い、恐ろしくて泣いて行かなかった。

食べ物はソテツを海水で煮たものを毎日食べた。嫌だといったら死ぬしかない。》

山中で敗残兵に遭遇することもありました。

《ある時、5、6人の負傷兵がやって来た。ソテツの食事を分けてあげたら、みんな無我夢中でむさぼり食べた。ベルトには手りゅう弾を下げていた。負傷兵の傷口からうじ虫がぽとぽと落ちた。びっくりして私はただじっと見ていた。》

＊食事配給に長蛇の列

東村有銘から山奥に入った岳原さんの避難生活は突然終わりを迎えます。掃討作戦を続けていた米兵が山に火を放ったのです。

「バチバチと山が焼かれ、父が『ここにいては危ない』と言うので山を下り、そのまま米兵に捕らわれました」と岳原さんは語ります。父の有堅さんは日本兵に間違われ、一時石川に連行されました。

《戦争の恐ろしさや憎らしさ、夢にまで見る怖さ。徐々に山が焼かれ、逃げ場がなくなる。このまま、ここで死ぬよりは……と捕虜になった。》

米軍への恐怖はありましたが「米兵も同じ人間ではないか」とも考えました。「山を下りたら、そこには米兵がたくさんいました。殺されるなら皆一緒。でも殺されるかどうかは分からない、と思いました」

米軍に捕らわれたのは「7月か8月の暑い頃だった」と岳原さんは話します。その後、トラックで羽地村（現名護市）田井等の収容地区に運ばれ、一軒家の馬小屋で暮らします。食糧は不足していました。

「朝夕、おにぎりの配給がありました。最初は大きなおにぎりでしたが、だんだん小さくなりました。小さなおにぎりをもらうため、大人も子どもも並びました。２００メートルくらいの長い列ができました」

体調を崩した母のために2個のおにぎりを求めましたが、配給係に断られ、悲しい思いもしました。

＊マラリア感染、恐怖の日々

羽地村田井等収容地区にある馬小屋で暮らしていた岳原さんはその後、石川収容地区の1区3班に移ります。

戦後初の行政組織・沖縄諮詢会の志喜屋孝信委員長が父・徳田有堅さんと顔見知りだったことが幸いし、比較的恵まれた環境で暮らします。食糧も豊富にありました。城前初等学校でも学ぶようになりました。ところがマラリアに襲われます。

《すみかが与えられてやっと落ち着いたと思ったら、恐ろしい怪物―マラリアが現れ、私は狙われた。時間になるとやって来る悪魔。震えが終わると40度を超える高熱に襲われ、頭がおかしくなり、うわごとが始まる。「有銘の海に流されて行く！　早く助けて！」。目が覚めると悪夢は忘れてしまうが……。これが一日おきに続いた。》

家族の中でマラリアにかかったのは初子さんだけでした。「がたがた震えると米軍配給のカバーやせんべい布団をかぶり、その上から母が乗っかって震えを押さえてくれた。周囲でも体力のない人はマラリアでばたばたと死んでいった」と語ります。

家族はその後、現在のうるま市立赤道小学校の近くへと移ります。マラリアの苦しみは続いていました。

《具志川の赤道に来ても怪物は去って行かない。いつ死ぬのか。恐怖の日々。》

初子さんは自分の余命を考えるようになりました。

＊父の諭し、戦後生きる支えに

石川から具志川村（現うるま市）赤道に移った後も岳原初子さんはマラリアに苦しみました。

「もう自分はそんなに長く生きられない。マラリアで亡くなる人をたくさん見てきた。自分の番はいつ来るのだろうかと思っていました」と振り返ります。

病状が落ち着いたのは具志川村江洲に戻って以降です。父の有堅さんは初子さんを一学年下げて学校に通わせます。

《マラリアのせいで勉強についていけないと思ったのか？　友だちともはぐれて嫌になり、反発し、学校に行かなかった。》

そのような日が1カ月ほど続いた後、父と娘は話し合います。

「父は『命のある間、頭を磨けば、どんな時代になっても生きていける。頑張って勉強しなさい』と私を諭してくれました」

父の諭しは戦後を生きる支えとなりました。「戦争で多くのものを失ったが、今日まで生かされてきた。神様に感謝しなければ」という思いも抱きました。

初子さんは悩みながら、紙面に載る「戦後75年」の文字に突き動かされて体験記を送ってくれました。

「人生のゴールが見えてきた今だからこそ、体験者しか知らない戦争のことを伝えたかった」と語ります。

初子さんの体験記は平和を支える礎《いしずえ》の一つとなりました。

❖山入端　立雄さん（85歳）読谷村

＊ウフヤーの離れに「慰安所」

読谷村の山入端立雄さんは米軍上陸の前夜、北谷村（現嘉手納町）兼久から羽地村（現名護市）に避難します。その後、現在の宜野座村に置かれた収容地区で暮らします。

◇

山入端さんは北谷村兼久で生まれました。戸籍では1935年4月の生まれですが、実際は前年秋に生まれたといいます。8人きょうだいの末っ子で、姉6人、兄1人がいました。父の三良さんは北谷村野国、母マイヌさんは同じ北谷村砂辺の出身です。

生家の敷地は現在、嘉手納基地の中です。「滑走路の南端あたりです」と立雄さんは語ります。

屋良国民学校に通う立雄さんは、戦争の足音を感じます。村ぐるみで戦勝を祝うこともありました。

《3年生の頃であったか、日本は戦争を拡大し、南方に侵攻、シンガポールが陥落した祝いとして、国民学校の生徒を先頭に、村民がちょうちん行列で県道を行進したことがあった。》

村内にも日本軍の部隊が入ってきました。山入端家のウフヤー（本家）の離れは「慰安所」として使われたようだと立雄さんは考えています。

《ウフヤーのアサギ（離れ）には陸軍の中隊長が居座るようになり、女性が2人来た時は多数の兵隊が一列に並んで出入りしていた。振り返って考えるに、「慰安所」としての存在ではなかったかと思う。》

日本軍の中飛行場建設に住民が動員されました。立雄さんの10歳上の兄、立盛さんも飛行場建設に駆り出されました。

＊10・10空襲で自宅に機銃掃射

1944年10月の10・10空襲で、米軍は中飛行場と北飛行場を攻撃します。この日、山入端立雄さんは兼久の自宅にいました。

《朝、ものすごい轟音《ごうおん》に驚き、屋外に出てみると、朝日を背にした無数の飛行機編隊だった。最初は日本軍の演習だと思って見ていたが、編隊は北（読谷）飛行場への爆撃を始め、黒煙が上がった。》

立雄さんは木に上って米軍機の編隊を見ていたら隣のおじいさんが「敵の空襲だ。防空壕に入れ」と命じました。家族は屋敷内の防空壕に避難しました。家は機銃掃射であちこちに穴が開いたといいます。

《爆撃は夕方まで続いた。静かになってから南の方向を見ると那覇方面の空は赤く染まり、モクモクと煙が立っていた。》

年が明け、20歳になった兄の立盛さんは海軍に志願し、佐世保の海軍に入隊しました。志願を告げた立盛さんを、父の三良さんは厳しく叱ります。

《立盛兄が父の前に座り「海軍に甲種合格したので兵隊に行く」と告げるのを、父三良はたばこ盆にキセルをたたきつけながら聞いていた。「他の同級生は志願しないのに、なぜ君は志願したのか」と、父の

怒りはものすごいものがあった。》

立雄さんは「跡取りの長男がいなくなるんです。父はやりきれない思いだったんでしょう」と語ります。

＊空襲激化、父が避難先探す

米軍の沖縄上陸が迫る45年2月、沖縄県は沖縄本島中南部住民の「北部疎開」計画を立て、県内市町村に伝えます。当時の北谷村は羽地村（現名護市）仲尾次に「北谷村役場羽地分所」を置き、疎開業務を急ぎます。

3月中旬以降、米軍の空襲が激しくなり、山入端さんの住む兼久でも危機感が広がります。父の三良さんは避難先を探します。

《自家の防空壕では防げないと感じた父は、家から南方500メートルほど離れた川沿いにある大きな按司《あじ》墓（洞窟）に家族6人を移動させた。》

按司墓は米軍嘉手納マリーナ内にある「野國總管《のぐにそうかん》の墓」の近くにありました。按司隣の墓にはウフヤー（本家）の祖母らも避難しました。日が暮れて空襲がやむと食糧を取りに家へ戻りました。

3月末、米軍の艦砲射撃が始まりました。立雄さんの5歳上の姉、静子さんは羽地への疎開を三良さんに求めます。

《今まで耐えていた静子姉が「同じ死ぬ運命なら、皆が避難している羽地に行った方が良い」と父に申し出た。父は苦しかったと思う。羽地に向かうとなると、ウフヤーのウフンーメー（祖母）達を残していかなければならない。》

「父は自らの母親を残して疎開してよいのか悩んだのではないか」と立雄さんは語ります。

＊北谷から金武、羽地に避難

兼久の海岸近くにある按司墓の壕に避難していた山入端さんの家族は米軍上陸前日の45年3月31日、金武村（現金武町）に向けて出発します。

《父が「日が暮れて砲弾が弱くなる頃合いを見て、ここを出て金武に向かう」と話し始めた。「私たちを金武の壕に避難させた後、翌日には祖母たちを迎えにまた戻ってくる」と話して、一人ひとりに1個のニジリサーター（茶わんで握りこぶし大に固めた黒糖）と10円の金を風呂敷に包み、背負わせた。》

家族6人は夜、壕を出ます。父の三良さんはウフヤーの家族も疎開させるため、兼久に戻るつもりでした。

しかし、それは果たせませんでした。「翌日、米軍が上陸したため、北谷に行けませんでした」と立雄さんは話します。家族は4月1日朝、金武に着きます。

三良さんは金武観音寺にある鍾乳洞に避難する考えでしたが、洞内に入ることはできませんでした。結局、北谷村の疎開地に指定されている羽地村を目指します。

《金武村の中道を東方に向かって歩き、金武の橋まで来たとき、敵機の飛来攻撃が始まった。私たちは橋のすぐ近くにあった松の木の下に隠れた。》

家族が羽地に着いたのは2日の朝です。一方、北谷村に残ったウフヤーの家族は1日、上陸直後の米軍に捕らわれました。

＊避難民増え、古知屋前原へ

兼久を離れ、疎開先の羽地村に着いた山入端さんの家族は、中南部から逃れてくる避難民のために地元の人々が用意した避難小屋で暮らします。

《羽地の避難生活は8日間ほどだったたと思う。ここは敵の攻撃や爆弾もなく静かで、たまにトンボグヮー（偵察機）が飛来するだけであった。

しかし、避難民は増えていくばかりで危険だと感じた父たちが別の避難場所を探索するために下山し、2日ほどして戻ってきた。そして、古知屋前原《くちゃめーばる》に移動することになり、先頭になって下り始めた。》

「古知屋前原」は現在の宜野座村松田の南側の地域です。羽地から古知屋前原に移動したのは1945年4月中頃のことです。山入端さん家族と行動を共にする避難民もいました。途中で米軍の検問に出くわしましたが、父三良さんの指示で検問を避け、古知屋前原にたどり着きました。

「古知屋前原にはまだ民家が残っており、家畜もいました」と立雄さんは語ります。そこへ日本兵の行方を追う米軍がやって来ました。立雄さんらが隠れていた小屋が襲撃されたこともあります。

《日本軍の残兵の捜索であっただろうか、民家を巡回していた米兵が婦女子を拉致することも多く、姉たちは日中、ずっと天井裏に身を隠していた。》

＊「捕虜」になった認識なく

米軍は山入端立雄さんの家族が避難した古知屋前原を収容地区とします。45年5月頃、本島中南部の避難民を集め、中南部の戦場で米軍に捕らわれた住民も古知屋に収容しました。

立雄さんは「捕虜」になったという認識はなかったといいます。「私たちは兼久から金武、名護、羽地を経て古知屋前原に移ってきた。金網に囲まれた収容所にいたわけではないし、捕虜になったとは考えていなかった」と振り返ります。

米軍は古知屋の集落に地域司令室を置き、住民に食糧を配給していました。父の三良さんは食糧配給の係をしていたといいます。

「アメリカが配給したのはトウモロコシや乾燥イモが入ったレーションでした。それだけでは足りず、ソテツを取って食べました」と立雄さんは語ります。三良さんは遺体の埋葬作業にも従事しました。《父は宜野座の野戦病院に使役され、南部戦線から運ばれてくる負傷者や戦死者の識別、死者の埋葬などを行い、その帰りに食糧を受け取ってくるという日々がしばらく続いた。》

古知屋には多くの避難民が集まりました。米軍は45年9月に出した「地方行政緊急措置要綱」で市制を実施し、収容地区単位に12市が生まれました。古知屋は「古知屋市」となります。10月初旬、人口は約2万人を数えました。

＊生家に戻るも焼け跡に

１９４５年8月、山入端さんは現在の宜野座村に置かれた古知屋収容地区で日本の敗戦を知ります。風呂に入るため、ドラム缶でお湯を沸かしている時、「日本は負けたよ」と避難民が教えてくれました。特に感慨はありませんでした。

「これまで、散々負けてきた。悔しくも悲しくもありませんでした」と立雄さんは語ります。
収容地区の避難民が増え、食糧が不足します。父の三良さんは食糧調達に奔走します。
《戦争は終結したということを聞いて、父は食糧を求めて中部方面まで足を延ばすようになった。「戦果」と称して、野積みされている米軍の食糧を持ち帰る日が数日おきにあった。その際に、自分の家屋敷の焼失と地形の変貌を知ることになる。》
父の話を聞き、立雄さんも同郷の仲間らと共に、生まれ育った北谷村兼久を訪れます。
《目にしたのは焼失し、破壊された屋敷跡と、水釜から砂辺の先までの海岸線近くを黒い戦車や自動車が埋め尽くしている光景であった。ところどころにテントの兵舎があった。》
9月に入り、立雄さんは古知屋初等学校（現在の松田小学校）に入ります。4年生でした。「学校といっても校舎はなく、青空学校です。黒板も帳面もありません。幼稚園みたいな感じでした」と振り返ります。

＊ふるさとは戻らず

古知屋収容地区で暮らしていた山入端立雄さんの家族は45年10月ごろ、現在の嘉手納町嘉手納に移動します。海軍に志願した兄立盛さんも佐世保から戻ってきました。

《嘉手納の一部、限定地域に戻ることが許され、父は先遣隊として嘉手納へ行った。戻ることが許されたのは後に旧部落と呼ばれた地域で、先遣隊はテント張りのツーバイフォーと呼ばれる仮設住宅を、嘉手納本字を中心に建てていった。

ほどなく私たちは避難地の古知屋前原から嘉手納に帰ってきた。各地に分散した避難者も次々と旧地に

戻り、互いに戦禍を生き延びた喜びを語った。》
山入端さんは「嘉手納アシビナー」と呼ばれた地（現在の嘉手納町中央区コミュニティーセンター）の青空教室で学びます。戦争前の軍国主義教育はなくなりました。
《アシビナーの大木の下で子どもが集められ、紙箱を机に、セメントの入っていた袋を帳面にしての学習が始まった。》
生まれ育った兼久は米軍が占拠したままでしたが、後に旧屋敷や畑に出入りすることが許され、家族は農業に精を出しました。しかし、土地は返還されませんでした。ふるさとは今も金網の向こうにあります。

❖與儀 喜省さん（101歳） 那覇市

101歳の與儀喜省さんは糸満市の出身で那覇市在住、現在は南風原町内の老人施設で暮らしています。北部の山中をさまよい、瀬嵩《せだけ》収容地区で暮らしました。今回、與儀さんからいただいた体験記や、子や孫に自身の戦争体験を伝えるためにつづった手記を基に、與儀さんの戦中、戦後の足取りをたどります。

◇

與儀さんは1918年8月、高嶺村（現糸満市）大里で生まれました。三男

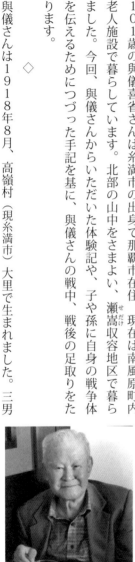

です。父の喜俊さんは大里、母ウトさんは兼城村（現糸満市）照屋の出身。喜俊さんは１９２０年から3期12年、高嶺村長を務めました。喜省さんは県立第一中学校、沖縄県師範学校で学び、教職の道に進みます。沖縄戦の直前は糸満国民学校に勤めていました。

與儀さんの手記『我が家の沖縄戦記』で10・10空襲の体験を記録しています。家には母ウトさん、妻の信子さん、祖母ウトさんがいました。

《私は妻と朝食を取っていた。そのとき那覇の方向からものすごい高射砲の音が聞こえてきた。空襲警報も出ないのに変だなと思いながら外へ出てみると、那覇の上空に黒い煙が点々と上がっている。》

演習と思っていましたが、爆発音に驚き、家族を防空壕に避難させて学校に向かいます。

《午前9時、学校に向かう。敵機が飛んでいないその隙を見ては走る。学校は無事である。4、5人の先生がおり、かねて造ってあった報得橋際の学校の防空壕に一緒に行く。》

喜省さんの身に戦雲が近づいていました。

＊那覇の惨状に呆然

10・10空襲から2日後の１９４４年10月12日、與儀喜省さんは、義妹の安否を確認するため親類と共に那覇を訪れます。與儀さんは空襲後の那覇の惨状を手記に記録しています。

《那覇は見る影もなく無残な姿で、一面の瓦礫《がれき》の山と化し、焼け跡がくすぶって煙があちこちに立っている。黒糖倉庫が焼け、黒糖が燻《くすぶ》ってその甘い匂いが鼻をつく。死体があちこちに散見され、奥武山の海にも浮いている。》

與儀さんは焼け跡の中で立ち尽くします。

《家という家がすべて焼き尽くされ、広大な街が遠くまで見渡され、非常に狭い感じである。文字通り全滅した街の焼け跡の中に立って、爆撃のものすごさを思い知らされて、呆然《ぼうぜん》とするばかりである。》

空襲以後、緊迫の度合いが濃くなります。與儀さんが勤める糸満国民学校の職員、生徒は陣地構築や壕掘りに追われます。

《高等科2年の担任であった私は、生徒と一緒に毎日作業に出掛けたが、生徒達の活躍は目覚ましかった。小禄飛行場造りや町の南側で戦車妨害の土手造り、字国吉の山の中の壕掘りなどであった。》

明けて45年は元日早々の米軍機襲来で正月どころではありませんでした。2月、沖縄県は中南部住民の北部疎開計画を立てます。與儀さんらも北部へ逃れます。

＊艦砲射撃の中、大宜味へ疎開

與儀さんが暮らす高嶺村の北部疎開第一陣は1945年3月18日のことです。指定の疎開先は大宜味村でした。家族は疎開には消極的でしたが、説得の末、祖母と母、伯母を第一陣で送り出します。

與儀さんは手記で回想しています。

《祖母たちが出た後は誠に淋《さび》しい。永年住み慣れた家を後にして不自由な山原生活をする祖母たちの心情を思う時、何とも言えない感情がこみあげてくる。まして老い先短い祖母のことを思うと、涙があふれ出る思いがする。》

喜省さんは3月24日に高嶺村大里を出ます。この日、米軍の艦砲射撃が始まりました。食糧の米や毛布、お酒などを背負い、父の喜俊さん、妻の信子さんと共に夜9時ごろ出発します。その時、信子さんは長男を身ごもっていました。

《やがては戦場になるであろう我が村、我が家を後にして国頭へと向かう。振り返り見れば、煌々《こうこう》と照る月の下に我が村は静まりかえっている。これが見納めかと思う。さすがに心の残る思いがする。》

3人は首里、宜野湾、石川、金武、名護を経て29日に大宜味村津波に到着します。約10日ぶりに家族がそろいました。皆、涙をこぼし無事を喜び合います。

《今ここに祖母と母と伯母に会えたこの感激に心が震える。食糧の不自由は覚悟しなければならない。》

＊迫る米軍、山奥に避難

高嶺村大里から避難してきた與儀さんは大宜味村津波の平南川沿いに造られた避難小屋に身を寄せます。津波集落の歩みを記録した『大宜味村津波誌』（２００4年刊）によると、平南川沿いに津波住民が築いた50棟ほどの小屋に約６００人の避難民を収容しました。

與儀さんの手記によると家族ら6人は、津波に到着した１９４5年3月末から5月上旬までの間、平南川周辺で4度移動を繰り返しています。米軍機に見つかる恐れがあったことなどが移動の理由です。自ら小屋を建てたこともありました。

沖縄本島に上陸し、北部に進攻した米軍が大宜味村にも姿を見せます。家族は昼間、山中に逃れます。與儀さんは手記でこう振り返ります。

《西海岸の道路は、米軍のトラックの往来が激しくなり、大通りには出られなくなった。今隠れている

小屋は、敵にすぐ見つかってしまう危険があるので、さらに山奥に避難しなければならなかった。》

與儀さんは、山中での避難生活は「いたって平穏、退屈」と振り返っています。父の喜俊さんは「山原の疎開　山羊の草お菜《かず》　あん苦りしゃあてぃん　勝つる迄や」という琉歌を詠みました。

わずかな食糧で命をつなぎながら、家族は終戦の日を待っていました。

＊「友軍進撃」の噂に惑わされる

1945年3月末、家族と共に大宜味村津波に避難した與儀さんは山中でさまざまな噂を聞きます。「戦況は有利に展開している」「関東軍の精鋭が那覇に上陸して進撃している」などです。噂話は避難民を惑わせます。

與儀さんは山中での噂話を手記に書いています。

《東海岸は一週間前に具志川村まで友軍が来て、やがて東海岸の道路は確保されて、通行できるようになるに違いないという。友軍は今頃金武村に入ったが、やがて大手を振って島尻へ帰れる、今帰れば大豆の収穫は大丈夫、できるなどと疎開者同士話し合って、喜んだ。》

噂を信じた高嶺村の避難民は帰村を目指します。與儀さん家族も5月7日、津波を離れ、山を越えて東海岸沿いに島尻へ向かおうとしました。しかし、南に行くことはできず、久志村（現名護市）安部《あぶ》の北側に位置するフクジマタ（福地又）にとどまります。

家族が安部の集落に移動したのは6月上旬です。食糧を得るため、妻信子さんの着物を食糧に替えます。

《字民が、生後1年位の子豚を処分しているのを見つけて、せがみにせがんで、結婚記念の信子の一張

羅の着物と豚肉一斤を替えたのもその頃である。油ものが全然ないその頃、肉一斤は大変貴重でありがたいものであった。》

＊「食べ物に平和を実感」

與儀さんがいた久志村安部に1945年7月上旬、米軍がやってきます。米軍は避難民を1カ所に集め、「戦争は終わった。戦いに米軍は勝利し、沖縄を占領した」と告げました。さらに、瀬嵩の収容地区に移動するよう避難民に命じます。

瀬嵩に移動せず、山に逃げる者は「敵として撃つ」とも米軍は告げました。住民は米軍に負けたことを思い知らされます。

瀬嵩まで家族をどう運ぶか與儀さんは悩みます。「捕虜」となることにも戸惑いがありました。その時の心情を手記の中でこうつづっています。

《最大の衝撃は、米軍の下に捕虜となることである。皇国の必勝を信じていた当時の人々には、捕虜となることは平静な心ではできず、一大決心がいる。》

逡巡《しゅんじゅん》の末、與儀さん家族は瀬嵩に移動します。途中まで米軍のトラックに乗ることができました。夕方、瀬嵩に着いた家族は米飯の配給を受けました。

《久しぶりの白いご飯を口にして、大の男が子どものように喜んでいる。無理もない、お米を食べたのは何時の日のことか。ソテツが一転白いお米。食べ物に平和を実感する。》

＊収容地区内に小学校

大宜味村や久志村の山中で避難生活を送っていた與儀喜省さんは瀬嵩の収容地区で戦後の歩みを始めます。瀬嵩は大勢の避難民でごった返していました。45年8月の時点で3600人の避難民がいました。與儀さんの家族は海側の拝殿（瀬嵩御嶽）の軒下で過ごします。

収容地区内の各集落は市となり、瀬嵩《せだけ》、大浦、二見《ふたみ》など久志村の二見以北に9つの市が生まれました。中心は司令部が置かれた瀬嵩でした。

《山原の山の中をうろつき回って、やっとたどり着いたところが瀬嵩であった。田舎の一寒村が都会のようになった。校舎が軍政府になった。》

校舎とは久志国民学校（後の久志小学校）です。

《軍政府になった学校の校舎には星条旗がひるがえり、この様子を見て「これからの日本の教育は」などとあれやこれやと思い悩み、眠れぬ夜が続いた。》

瀬嵩の軍司令部は1945年7月下旬、子どもたちを集めて小学校をつくるよう命じます。男子部、女子部、幼年部の3部が設けられました。教科は国語、算数、理科、体育、音楽、英語です。教室はなく海岸の松の木の下で子どもたちは学びました（沖縄市町村長会編『地方自治七周年記念誌』）。

與儀さんは男子部、妻の信子さんは女子部に勤務します。

《教室も教科書ももちろんなく、海岸の砂浜で話をしたり、遊戯をしたり、砂に字を書いたりのままごと遊びである。栄養不良の子ども達ばかりで、毎日豆乳が与えられて、さすがはアメリカだと感心させら

れた。》

＊妻が収容所内で出産

與儀さんは親類に会うため訪れた宜野座で１９４５年8月15日の敗戦を知ります。

《皇国不滅不敗の念が強かったその頃、敗戦は半信半疑であったが、不利な戦況を考えると間違いないと思ったりする。》

米軍が9月12日に出した「地方行政緊急措置要綱」によって、瀬嵩収容地区にあった9市が統合され、新たに「瀬嵩市」が生まれます。市長選挙では女性の参政権が認められ、豊見城出身の瀬長清さんが瀬嵩市長となります。

與儀さんは学校を辞め、市役所に勤めるようになります。「市長選挙で瀬長清氏が馬に乗って選挙運動をしたこと、女子の投票が印象深い」と振り返ります。

10月、妻の信子さんが臨月を迎えました。親しくなっていた軍司令部のダグラスという名の中尉が出産を待っていました。

《中尉と親しくなり、赤ちゃんが誕生するのを待って「まだ生まれないか」と何度も聞かれた。

昭和20年10月19日午後2時半、めでたく坊やが誕生、中城村伊舎堂のハワイ帰りの比嘉さんという産婆さんが取り上げてくださって、ありがたく感謝した。

「喜男」と命名。ダグラス中尉に告げると大変喜んで「Ｊ·ｉｍｍｙ」（ジミー）と名付け、大型の懐中電灯と蚊帳を持ってきた。》

マラリアと食糧難で、多くの避難民が犠牲となりました。與儀さんの祖母、伯母も亡くなりました。そんな中、収容地区で新たな命が生まれました。

＊沖縄民政府文教部に就職

與儀さんは１９４６年1月14日、久志村の瀬嵩収容地区から糸満へ移ります。

與儀さんはテント小屋の糸満初等学校に勤めました。自宅のあった高嶺村は米軍が占拠しており、戻ることはできませんでした。

この年4月、與儀さんは沖縄民政府文教部に勤めることになり、石川市に移り住みます。戦後初の沖縄側行政機関・沖縄諮詢《しじゅん》会の教育部長で、與儀さんと同じ高嶺村大里出身の山城篤男さんらの誘いでした。

住まいは石川市３区の長屋です。「舞天《ぶーてん》」の名で知られる小那覇全孝さんが隣に住んでいました。手記で紹介しています。

《隣には嘉手納で開業していた歯科医で、歌三線に優れて「舞天」と称していた小那覇全孝さんが住んでいた。全孝さんは当時文化部に勤めており、家では娘さんたちに踊りを教えていた。》

舞天さんは46年作の「石川小唄」（石川かぞえ唄）で当時の石川の様子を描いています。

「では一つとセー　一二三四五六七《ひふみよごろくなな》通り　いろはにほへと　塵《ちり》横町　碁盤十字の　茅葺きテント町　これが沖縄一の町ではないかいな」

沖縄民政府は１９５０年11月に沖縄群島政府となり、與儀さんは文教部庶務課に勤務します。復帰運動を闘い、初の公選主席となる屋良朝苗文教部長の下で校舎建設に関わりました。

＊米軍通訳兵と70年ぶり再会

沖縄群島政府文教部に勤めた與儀喜省さんは、屋良朝苗文教部長の下で校舎建築を担当します。２０１５年1月27日付の琉球新報投稿で当時を振り返ります。

《戦後の校舎は茅葺き教室であったが、校舎改築は遅々として進まなかった。屋良部長のいら立ちは大変なもので、米国民政府教育部長コバート氏の事務所に日参して校舎建築の要請をされていた。》

その後、群島政府を辞め、沖縄教職員会長に就任した屋良さんは喜屋武真栄さんと共に全国を行脚し、戦災校舎復興の募金を呼び掛けました。

與儀さんが子や孫のためにつづった沖縄戦体験の手記に「奥村」という米軍の通訳が登場します。２０１５年、70年ぶりに来沖したハロルド・オクムラさんと名護市瀬嵩で再会しました。

「91歳のオクムラさんに長い時を経て再会できたのは思いがけないことだった。健康のありがたさ、記録することの大切さを痛感した」と振り返ります。

戦後75年を迎え、與儀さんは「ばかな戦争をした。戦争をしてはならない」との思いを深めています。琉球新報への投稿、琉歌や短歌などの創作を楽しみながら、平和の尊さをかみしめています。

❖豊永　スミ子さん（81歳）　嘉手納町

＊戦争に備え、壕を掘る

嘉手納町の豊永スミ子さんから体験記が届きました。豊永さんは西原町の出身です。父と弟を砲撃で失い、名護市久志の収容地区ではマラリアに苦しみました。

◇

豊永さんは1939年5月、西原村（現西原町）翁長に生まれました。旧西原村役場の近くに家がありました。現在、村出身の戦争犠牲者を追悼する「西原の塔」のある場所です。

父の小波津三良さんは西原村小波津の出身です。幼い頃に父親を亡くし、22歳の時にメキシコへ移住しました。「反物の店を開いたものの、苦労したようです」とスミ子さんは語ります。

三良さんは55歳の時に西原村に戻り、同じ小波津出身のウシさんと結婚します。2人の間に長女のスミ子さん、次女のマサ子さん、長男の政文さんが生まれました。

1944年9月ごろ、翁長集落に近い西原国民学校（現在の西原中学校の敷地）に日本軍の第62師団（石部隊）第11大隊が本部を置き、児童は公民館などで学ぶようになります。スミ子さんの家の近くにも分校ができました。「家族は私が幼稚園に上がるのを楽しみにしていました」とスミ子さんは振り返ります。

三良さんは避難壕造りにいそしむようになります。「家から300メートルくらい離れたところ。現在の翁長団地の下辺りにあった祖先の墓の左側に壕を掘っていました。毎日、つるはしを振るっていました」

家族が戦雲に飲み込まれようとしていました。

＊日本兵に驚き、壕を出る

豊永スミ子さんの父、小波津三良さんは米軍が沖縄本島に上陸した1945年4月1日以降も、翁長にある祖先の墓で壕掘り作業を続けます。

スミ子さんの記憶では、家族はしばらくこの壕にとどまり、戦闘が激しくなった5月中旬に南部へ避難します。

《私たち家族は首里から出てきた日本兵に誘導され、西原村から島尻に向かって、村人と共に歩いていました。》

翁長の壕を出たスミ子さん、父三良さん、母ウシさん、4歳の妹マサ子さん、2歳の弟政文さんの家族5人は西原村池田を経て南風原村（現南風原町）の宮平、喜屋武、山川を歩きます。

西原を出た時は晴れていましたが、途中から雨期に入りました。「足元がぬかるんでいて、滑ったり転んだりした記憶があります。地理も分からず、さまよっているという感じでした」とスミ子さんは語ります。

島尻へ向かう途中、幾つかの壕に入りました。ある壕では空腹でぐずる子どもに怒った日本兵が銃を抜く仕草をしたため、驚いた三良さんの指示で壕を出たこともありました。

三良さんは、歩き疲れたマサ子さんをもっこで担ぎ、政文さんをウシさんがおぶっていました。頭の上には鍋などの炊事道具を載せていました。家族は雨の中、東風平村（現八重瀬町）に入ります。

＊父と弟を砲弾で失う

西原村の壕を出た豊永さんの家族５人は、南風原村、東風平村を経て糸満に至ります。東風平に入ったのは１９４５年６月。日本軍は南部に撤退しています。

「東風平では、日本兵と民間人がごちゃごちゃになっていました」と豊永さんは語ります。

真壁村（現糸満市）真栄平で家族は悲劇に襲われます。父の三良さん、弟の政文さんが砲撃で命を奪われます。

「真栄平にいる時、飲むものもなくなり、弟の政文は『まんまん、まんまん』と泣き出しました。母はおんぶしていた弟を父に渡して、何かを取り出そうとした時、バンとやられました」

砲弾が炸裂《さくれつ》し、飛んできた破片が政文さんの頭部を直撃した後、三良さんの腹部に当たりました。政文さんは即死し、スミ子さん、母のウシさんもけがをします。妹のマサ子さんは無傷でした。

「父は破片を受け苦しんでいました。私は父に取りすがって『お父《とう》、死なないで』と泣きました。母も『あいえなー、ちゃーすがやー』と泣いていました」

近くの空き屋の床に三良さんを寝かせ、三良さんの腕を枕にして政文さんの遺体を横たえました。

三良さんは「家族を頼む。早く逃げて」と言い残し、息を引き取りました。日本軍の組織的戦闘が終わる直前の６月21日ごろのことです。

＊糸満から米軍船で久志へ

父の小波津三良さん、2歳の弟政文さんを失い、豊永さんと母ウシさん、4歳の妹マサ子さんはぼうぜんとします。

「そのまま真栄平で死ぬつもりでうずくまっていましたが、砲撃がやみました。2人を埋葬することもできないまま、『必ず迎えに来るからね』と言って、後ろ髪を引かれる思いで逃げたんです」

西原の壕から糸満に至る経路をスミ子さんは「ちゃん、くちんだ、ゆざ、めーでーら、うーど、くみし」と、うちなーぐちでたどります。現在の南風原町喜屋武、八重瀬町東風平、糸満市与座、真栄平、大度、米須です。

「いつ死ぬか分からない。今かもしれない」という恐怖を感じながら、南部に逃げてきた避難民と日本兵が混在する地を3人はさまよいました。

「ずいぶん歩きました。まっすぐ歩くのがやっとです。たくさんのけが人、死んだ人を見ました。死臭や爆弾の臭いがしました」

スミ子さんは一時、ウシさんらとはぐれ、道に迷いました。その時、息絶えた母親の乳を吸っている子どもを見ました。悲惨な戦場の姿を今も忘れることはできません。

歩き続けた末、3人は米軍に捕らわれます。場所は「摩文仁あたりだった」とスミ子さんは話します。

＊「やっぱり捨てられたんだ」

父と弟を失い、米軍に捕らわれた豊永さんと家族は久志村の収容地区に送られます。

《母と私と妹の3人は負傷しながらも何とか生き残り、摩文仁方面で米軍の捕虜となりました。傷の手当てを受けた後、すぐに船で運ばれ、北部の久志村安部と嘉陽の間にある海岸に下ろされました。》

鉄板の船底が熱かったのを覚えています。船の中では皆がおびえていました。「これから海に捨てられるんだよと言って、大人たちも泣いていました」と豊永さんは語ります。

海岸は何もない所で、食糧もなく「ああ、やっぱり捨てられたんだ」と感じたといいます。豊永さんは海岸近くのテント小屋に移動し、暮らすようになります。

「おそらく嘉陽だったと思います」とスミ子さんは語ります。集落には小川が流れていました。嘉陽小学校にあった二宮金次郎像のことが忘れられません。

《そこは食べる物もなく無人島のような所で、まさに米軍の捨て場所―。物資も届かず、あるものと言えばテントのみ。焼けるような暑さの中、栄養失調で命を落とす人も多く出ました。私たちは食べ物探しから始めました。アタビーやチンナン、桑の実、野イチゴなどは子どもにとってはごちそうでした。ソテツの実を集め、寝床を作るのは大人の仕事でした。》

＊米兵への恐怖心　消えず

嘉陽のテント小屋にいた豊永スミ子さんの家族は食糧探しに追われます。

「母はソテツの実を探し、粉にして天ぷらを揚げました。モービル油（エンジンオイル）で揚げたんです。子どもたちも食べ物探しに一生懸命ですよ。貝を拾って、川で洗ったことを覚えています」

その頃、集落にいた米兵の姿が記憶に残っています。

「大きな黒い人、赤い人が集落に立っていました。今考えると赤い人というのは日焼けして赤くなった白人兵のことです」

米兵から菓子をもらうこともありました。恐る恐る菓子を口にしたと言います。

「米兵はチョコをくれようとするけど、毒が入っているかもしれないと思い、食べることができません。すると米兵は自分の口に入れて食べて見せるんです。それを見て初めて私たちはチョコレートやガムを食べました。おいしかったですよ。怖かったけれども優しいところもあるな、と子ども心に思いました」

その後も米兵からチーズが入った缶詰やポークなどをもらいました。しかし、米兵への恐怖心は消えることはありませんでした。「戦後になっても夢の中に黒い人、赤い人が出てきて苦しみました」と豊永さんは語ります。

＊叔父と祖母はマラリアで他界

豊永さんの家族が暮らす久志村嘉陽に、同じ久志村の汀間から叔父の家族がやってきました。「私たちが嘉陽にいるという噂を聞いてやってきたようです」と豊永さんは語ります。

嘉陽は米軍に収容された避難民であふれ返るようになります。1945年8月の時点で、4400人余りの人が嘉陽にいました。避難してきた人は軒下に入ったり、畑にかやぶきの小屋を造ったりして暮らしました。

戦場体験のある叔父は砲弾の破片で負傷したスミ子さんのことを案じていたといいます。

《戦地で右胸を負傷し、兵役も済んで帰ってきていた母の弟である叔父が、負傷して布で首から吊《つる》していた私の右腕を見て、「昼夜曲げて吊したままでどうするんだ。動かなくなるぞ」と言って、曲がった腕を伸ばしたりしました。私は痛かったけど我慢しました。そのおかげで腕を動かせるようになりました。》

「今でいうリハビリでした」と豊永さんは話します。その叔父は程なくして亡くなります。マラリアが蔓延していました。

《叔父はマラリアであっけなく他界しました。私は悔しくて、悔しくて、シクシク泣きました。そして母方の祖母も後を追うように亡くなりました。》

＊マラリアの脅威は祖父にも

叔父に続き祖母が亡くなった後、2人を失った祖父は三線を弾き、歌って寂しさを紛らわせました。祖父は三線の名手でした。

《母方の祖父も熱があって体調も悪いだろうに、マラリアで先に亡くなった祖母と叔父を思い、よほど寂しかったのでしょう。戦争中も大切に持ち歩いた三線で古典を弾き始めました。

皆をはげまし明るくするためか、そのうちに陽気な歌も歌い出しました。当時6歳だった私も思わず痛めていない左手を上げ、両足をトントンと踏みならし、お尻を振りながら曲に合わせて愉快に踊ったのです。

驚いた祖父は「したいひゃー　わーんまが」と言って、私に合わせ、片膝を立てて三線をかき鳴らし、

喜びました。》

孫の踊りに喜んだ祖父も晩になり高熱で倒れました。母ウシさんは必死に看病しましたが、明け方には息を引き取りました。

《せっかく戦火をくぐり抜け助かった大切な命なのに、もう私たちには頼りになる人たちが皆いなくなりました。一人、また一人と肉親を失っていく時の母の気丈さ。私だったら耐えきれません。》

＊マラリア犠牲、悲しみ癒えず

豊永さんは久志村で叔父と祖母、祖父をマラリアで失いました。祖父の三線に合わせて踊ったことを振り返り「この日は楽しかった。三線を聞きつけて、大勢の人が集まった。戦争の悲しみを忘れることができました」と語ります。

悲しみの中で豊永さんもマラリアで倒れます。母ウシさんは動揺しました。

《私もマラリアにかかり、高熱でうわごとを言ったので、母もびっくりして「誰かお願いさびら、この子を救《たす》けてください」と大声で泣いたそうです。

するとひげそり用の太いカミソリを持った男の人が出てきて、私の体をうつぶせにして馬乗りになり、両腕を母に押さえさせ、私の背中や腰にカミソリをぽんぽんと立てて血を流させました。その時はあまりの高熱で痛みを感じませんでしたが、怖かったです。》

高熱が出た時などに血を外に出して病状の改善を図る瀉血《しゃけつ》は、古くから沖縄で行われています。豊永さんはその後、熱が下がり、生きながらえることができました。

マラリアで次々と家族を失った悲しみは今も忘れることはありません。

《いったい、このマラリアはあの時、どこからきたのでしょうか。終戦まで南部の激戦地を生き延びてきた私の家族は結局マラリアに殺されてしまいました。とても悲しく悔しいです。》

＊「今の平和　ずっと守って」

叔父や祖父母をマラリアで失い、自身もマラリアで苦しんだ豊永スミ子さんや家族は久志村嘉陽から現在の西原町棚原に戻ります。「風が強くて、寒い時期だった」と豊永さんは語ります。

北部の収容地区から西原住民の帰村が始まったのは１９４６年４月以降です。生まれ育った翁長には戻れませんでした。米軍が占拠していたためです。

６月には学校教育が再開し、豊永さんは坂田初等学校に通います。翁長への居住が許されたのは１９４７年６月です。沖縄戦から２年の時が流れていました。

沖縄戦の前、翁長で暮らしていた住民８８６人のうち５５６人が戦争の犠牲となりました。豊永さんは手記をこう締めくくります。

《私がこの戦争で学んだこと。人はどんな時でも自分ひとりの力ではなく、他人様の力によって生きてゆけることを今さらながら感じます。戦後生まれてきた人々、世の指導者の方々には、二度と戦争をすることなく、今の平和をずっと守ってほしいと願います。》

❖宮城　定吉さん（85歳）那覇市

＊父、疎開反対「死ぬ時は一緒」

那覇市の宮城定吉さんから「戦災孤児の戦後」と題した体験記をいただきました。宮城さんは南風原町で生まれ、沖縄戦で両親や2人の弟、祖母を失い、現在の糸満市新垣で米軍に捕らわれます。その後、妹と共にコザ孤児院へ送られます。

◇

宮城さんは1935年1月、南風原村（現南風原町）新川で生まれました。1941年に首里城内にあった首里第一国民学校に入学します。「愛国心旺盛で軍人志望の児童だった」といいます。

44年、4年生になった定吉さんは学童集団疎開の話を学校で聞かされ、母のウシさんと相談をしました。「跡継ぎを残すため、きょうだいで僕だけを疎開させようという話だった」と定吉さんは語ります。しかし、父の次郎さんは疎開に反対しました。「死ぬ時は家族一緒に沖縄で死のう」というのが次郎さんの考えでした。

次郎さんはその頃、小禄飛行場の建設や南風原村兼城の壕掘り作業に駆り出されていました。サイパン、テニアンの日本軍が壊滅し、沖縄が戦場となる可能性が高まっていました。

10・10空襲の日は首里にいました。「日本軍は首里の陣地から高射砲で反撃しました。空が煙で真っ黒になっていました」と定吉さんは話します。

45年4月、定吉さんは5年生に進級するはずでした。学校から真新しい教科書が配られていました。しかし、米軍が本島西海岸に上陸し、進級どころではなくなります。次郎さんが新川に掘った壕で避難生活を送るようになります。

＊祖母と父が亡くなる

1945年3月末、米軍は沖縄本島上陸を前に空襲と艦砲射撃を開始します。南風原村新川で暮らしていた宮城定吉さんは米軍の戦闘機による機銃掃射を目撃します。新川周辺にも艦砲弾が落ちるようになりました。

4月になり、米軍が本島中部に上陸したという話を聞きます。両親と祖母、妹、2人の弟と一緒に、新川にあった壕に移動しました。場所は現在の嬉野が丘サマリヤ人病院の近くです。

「昼間は壕に避難し、米軍の攻撃が収まる夜は家に戻って寝るという生活でした。朝起きて、また壕に避難するのです。壕での食事を作るのが僕と母の日課でした」

4月9日朝、艦砲弾の破片で祖母カミさんが犠牲になります。その時、定吉さんは母ウシさんと共に首里赤田町にある親類の家で食事を作っていました。そこから新川にある壕の周辺に艦砲弾が落ちるのを見ました。

ウシさんと急いで戻ると妹の敏子さん、5歳の弟の定福さんが壕の外で泣いていました。壕入り口にいたカミさんは破片を受け、事切れていました。

それから約2週間後の4月22日、父の次郎さんが壕で息を引き取ります。飛行場建設や陣地構築に駆り出されていた前年から体調を崩しており、カミさんの死後、次郎さんは一気に衰弱が進みました。

家族は大黒柱を失いました。

＊砲弾炸裂　弟の額に破片

父の次郎さん、祖母のカメさんを亡くした定吉さんと家族は南風原村新川で避難生活を続けました。4月末、砲撃が激しくなり、家族は次郎さんが掘った壕を離れ、酒屋の屋敷内にある壕に移動します。

戦闘が首里に迫った5月、首里と南風原の境界を流れる川にかかる石橋の下に隠れました。橋の下で定吉さんは指で弾丸の形をつくり、5歳の弟の定福さんの左眉の上に「ピューポン」と当てるまねをして遊んだのを覚えています。

家族が新川を離れたのは5月20日のことでした。「少しでも生き延びるために島尻へ下がろう」と母ウシさんが決断しました。2人の弟をウシさんが抱き、妹の敏子さんが雑のうを肩にかけ、昼ごろ出発し、夕方、宮平集落の焼け残った瓦ぶきの民家に隠れます。

その夜、民家近くの製糖工場で砲弾が炸裂《さくれつ》し、飛んできた破片が敏子さんの耳をかすめ、定福さんの額に当たりました。定吉さんが「ピューポン」と指でつくった弾丸が当たるまねをしたところです。定福さんは即死でした。

定吉さんとウトさんは定福さんを南風原国民学校の近くの土手に埋葬します。

指で弾丸をつくって弟と遊んだことを思い出し、「自分が殺したようなもの」という思いに定吉さんは苦しみました。ウトさんは涙を流し「お前は幸せかもしれないよ」と言いながら定福さんを葬りました。

2日後の5月22日、第32軍司令部は首里城地下にある司令部壕で開いた会議で南部への撤退を決めます。定吉さんの家族は激しい地上戦に巻き込まれていきます。

＊砲弾破片、母の命奪う

定吉さんと母ウトさんら家族はその後、東風平村（現八重瀬町）志多伯を経て高嶺村（現糸満市）与座へ向かいます。「東風平から与座まで軽便鉄道の線路の上を歩きました」と定吉さんは語ります。その間、南へ向かう避難民と多くの遺体を見ました。

6月中旬、家族は真壁村（現糸満市）真栄平にたどり着きます。集落には日本兵もいました。ここにも砲弾が落ち、家族は危機に直面します。そして17日昼、炸裂した砲弾の破片でウトさんが命を落とします。「日本兵が母を外に運び出しました」と定吉さんは話します。

その頃、日本軍から「アメリカの大将が日本兵に撃たれた。アメリカ兵は報復で捕虜の日本兵を何百人も殺した」といううわさ話を聞きます。

沖縄戦で日本軍と戦った米第10軍司令官のバックナー中将が6月18日に高嶺村真栄里で戦死します。その後、米軍は住民、日本兵を問わず、無差別に殺りくしたと言われています。

＊弟亡くし2人で孤児院へ

両親と祖母、５歳の弟を米軍の砲撃などで失い、定吉さん、妹の敏子さん、乳飲み子の弟定宗さんの３人が戦場に残されました。

「母が亡くなり、おっぱいが飲めなくなった定宗は栄養失調で弱っていきました。サトウキビの汁を口移しで飲ませたりしました」と定吉さんは話します。

３人は１９４５年６月23日、真壁村（現糸満市）新垣集落で米軍に捕らわれました。日本軍の組織的戦闘が終わったとされる日です。

《その日は、なぜか砲弾、ライフルの音もなく、朝から静かな一日だった。妹や乳飲み子の三男弟、知り合いのおばさんと一緒に入っていた洞穴を出てみると、照明弾の落下傘の白い布を持った避難民が三々五々新垣部落の山の上に歩いて行くのが見られた。

「戦争が終わった」と思い、弟を妹に背負わせ、避難民の後ろを追ってアメリカ兵のいそうな山の上に行った。》

３人を収容した米兵の一人は敏子さんが背負っていた弟を見て、首を振ったといいます。定宗さんは既に息を引き取っていました。

山の上では米兵が上半身裸でキャッチボールに興じていました。「これがアメリカ軍の戦争なのか」と定吉さんは驚きました。

《戦争が終わってみると、家族は祖母、父、次男弟、母、三男弟の順に砲弾や栄養失調で亡くなり、私

は妹と2人だけの孤児になった。》

2人は移動先の知念村（現南城市知念）志喜屋で半月ほど過ごした後、大里村（現南城市大里）稲嶺を経て45年7月、コザ孤児院に送られます。

＊笑顔なく、食糧不足の孤児院

コザ孤児院は米軍が越来村（現沖縄市）嘉間良、越来、安慶田などの一帯に置いた収容地区キャンプ・コザに設立されました。設立の時期は45年6～7月ごろとされています。800人の孤児が収容されていたとも言われていますが、はっきりしたことは分かっていません。

小学生の子どもたちはテント小屋に、乳幼児は焼け残っていた2棟の瓦ぶきの家で暮らしました。この家は今も沖縄市住吉に残っています。

コザ孤児院に着いた日の驚きを定吉さんは体験記に書いています。

《孤児院の入り口には数人の孤児が立って、われわれを歓迎しているように見えた。が、車から降りると、孤児たちが近づいてきて、手に持っていた空き缶を差し出すではないか。よく見ると、皆裸でやせ細り、笑顔もなく、物欲しげな顔をしていた。》

孤児院は食糧が不足していました。

＊夜、金網抜けだし「戦果」

コザ孤児院で暮らす定吉さんは空腹に悩まされます。「子どもたちは痩せ細って、おなかだけが大きかった。周囲の人たちは配給の食糧があったようだけど孤児院は不足していました」と定吉さんは語ります。

孤児院で子どもたちは学年ごとに分かれて過ごしました。世話をしたのは、ひめゆり学徒隊や梯梧学徒隊の元隊員たちでした。宮城さんら5年生を担当したのはひめゆり学徒だった豊里マサエさんでした。

《院には数百人の孤児がいたといわれる。学年ごとに教室のようなところに入れられ、先生と一緒に勉強もどきのことから、親子のようなことまで全てをやった。先生はひめゆり学徒の豊里先生だった。》

孤児院では多くの子どもたちが亡くなったといいます。「僕は記憶にありませんが、妹によると毎日のように子どもが亡くなり、米軍が遺体をトラックで運び出したそうです」と宮城さんは話します。

子どもたちは密かに孤児院を出て、食糧を探します。

《夜になると体力のある孤児は金網を抜け出し、米軍の兵舎や難破船に忍び込んで缶詰類を盗んできたりした。盗みをしても悪かったという気持ちはなく、むしろ「戦果を挙げてきた」と自慢していた。》

両親を失い、子どもたちは生きることに必死でした。

＊きょうだい、別々の家庭に

定吉さんと妹の敏子さんが暮らすコザ孤児院には1945年7月の時点で600人の子がいました。自分の子がいないか探しに来る親たちが孤児院を訪れたといいます。

《孤児院の周囲は金網で囲まれ、自由に出入りできないように造られていた。わが子を探して来る大人たちは、金網越しに中を覗いて立ち、孤児たちにお菓子をくれていた。孤児たちは〝ワンカラ、ワンカ

ラ〃して手を出していた。それが日常の光景。》

当時の新聞「ウルマ新報」（現在の「琉球新報」）は45年11月21日、28日、12月5日の3回にわたって「身寄を求む」の見出しで412人の子どもたちの名を紹介しています。宮城さんの名も28日付に記されています。

コザ孤児院以外にも石川市孤児院（10月3日付）、宣野座市福山孤児院（12月12日）、宜野座孤児院（12月19日）、久志孤児院（46年1月23日）、瀬嵩市孤児院（同）で暮らす子の名を伝えています。コザ孤児院を含め、紙面で伝えた子の数は約750人に上ります。

その後、多くの子は親類や知人に引き取られました。宮城さんと妹の敏子さんの2人も45年12月、両親の知人が別々に引き取りました。「孤児院を出る時、豊里マサエ先生が自分の髪の毛を切って、お守りとして渡してくれました」と宮城さんは語ります。

＊戦後も続いた孤児の苦難

宮城定吉さんと敏子さんを引き取った与那原と真和志の2人は両親の顔見知りでしたが、どちらも定吉さんの知らない人でした。

敏子さんとの寂しい別れが待っていました。

《私と妹は別々に見知らぬ人に引き取られた。別れの時、妹が「兄《に》い兄《に》いヨー」と言って泣いていた姿は今も忘れられない。》

きょうだいは離れて暮らし、苦労を重ねます。

「与那原に預けられた僕は子守とハルサーで2年間、学校に行けませんでした。その後、親戚に預けられ、高校を出ました。妹も病人の看護に追われました」

2人は5年ほど会うことはありませんでした。学ぶ機会を逸した孤児は多かったといいます。「孤児は皆、苦労したのではないか」と定吉さんは語ります。

沖縄戦を戦った日米両軍は45年9月7日、越来村森根で降伏調印を交わします。家族を失った南部の戦場を思い出し、定吉さんは「ひどかった。米軍はあそこまでやることはなかった」と話します。

戦争は多くの人の命を奪いました。そして、両親を失い、孤児となった子どもたちの苦難の歩みは戦後も長く続いたのです。

❖登川　吉雄さん（89歳）　豊見城市

＊村に部隊、戦争準備進む

豊見城市の登川吉雄さんから体験記が届きました。登川さんは豊見城から糸満へ避難し、米軍に捕らわれます。その後、収容地区を転々とします。

◇

登川さんは1931年6月、豊見城村豊見城で生まれました。沖縄戦当

時、3男2女の5人のきょうだいがいました。登川さんは長男です。父の明孝さんは兵士として中国大陸に渡っており、母の佳津子さんが子どもたちを育てました。

家は現在の県道7号の宜保入り口沿いにあり、雑貨商を営んでいました。戦争中は陸軍の酒保（売店）を兼ねていました。

44年、吉雄さんは豊見城第二国民学校（現在の豊見城市立座安小学校）の高等科1年になります。この年の夏ごろから「武部隊」と呼ばれた第9師団が村内に駐屯します。宜保集落側では海軍が魚雷格納庫を築きました。

「私たちの周囲にも日本軍が大勢おり、民家にも兵士が暮らすようになりました。海軍の将校がわが家の一番座を使いました。この時、ベッドを初めて見ました。食事は兵隊が持ってきていました」

精米に使う木臼《きうす》を借りるため家を訪ねてくる陸軍の兵士と仲良くなりました。「母は兵隊に教えてもらった『勘太郎月夜歌』をよく歌っていました」と吉雄さんは話します。酒保に酒を買いに来た兵士が憲兵に見つかり、ビンタを張られるのを見たこともあります。

学校は軍に接収され、学び舎を失った吉雄さんらは各集落の集会場で学ぶようになります。徐々に緊迫した空気が漂うようになります。

＊飛行場建設、壕造りに動員

登川吉雄さんが暮らす豊見城村豊見城や隣接する宜保の住民は、軍の陣地構築や野菜など食糧の供出に追われるようになります。

登川さんら豊見城第二国民学校高等科の生徒も、与根飛行場の建設や戦車壕造りに動員されました。「僕たちも壕掘りの手伝いをしました。軍に協力しましたよ」と吉雄さんは語ります。学校の奉安殿に収められていた「御真影」や教育勅語の避難場所となる壕造りにも従事しました。場所は現在の県営渡橋名団地の裏側です。

1944年10月の10・10空襲の日の朝、登川さんは家の上空を飛ぶ米軍機を目撃しました。「最初は演習だと思っていました。この時、すでに那覇への攻撃が始まっていたと思います」と登川さんは話します。その後、近隣住民は軍の壕に避難しました。

登川さんは軍人志望の生徒でしたが、中国にいる父の薦めで進学を目指し、県立第二中学校に合格します。しかし、県立二中は10・10空襲で焼けてしまいました。翌年には米軍が沖縄本島に上陸し、入学できないままになりました。

44年末、精鋭といわれた第9師団が台湾に転出します。登川さんは日本兵から「台湾に行くことになった」と明かされました。

45年3月、軍の命令で現在の県道7号より西側の住民は饒波《のは》方面に移動します。登川さんらも命令に従い饒波に移ります。以後、母の佳津子さん、きょうだい4人、叔母ら親類家族の計12人で行動します。

＊軍命で饒波溝原に移動

軍の命令で豊見城を離れた登川さんらは東風平《こちんだ》村（現八重瀬町）、兼城村（現糸満市）の2村と接する饒波の「やーどぅい」（屋取）、饒波溝原《みぞばる》に住む親類の世話になります。

「溝原は大変静かでした」と登川さんは話します。野菜を収穫するため母の佳津子さんと宜保の畑に通いました。

しかし、上陸した米軍の進攻で溝原周辺にも危機が迫ります。日本軍の軍馬が米軍に見つかり攻撃されました。艦砲弾や米軍機の機銃掃射に遭い、弟の吉勝さんが負傷しました。

「母と宜保の畑から帰ってきたら、弟が足のふくらはぎにけがをしていました。幸い軍医が近くにいて、手当てをしてもらいました」

米軍の攻撃は激しさを増し、米兵が溝原にも攻めてきたという情報が入ってきます。住民や避難民は南に避難することを決めます。

「溝原の人々が雨の中、一斉に動き出しました。夜歩いている先々で米軍の照明弾が上がり、真昼のように明るくなりました。私たちに行き先を教えているようで、不思議に感じました」

＊糸満のガマ　米軍に捕まる

饒波溝原を離れた登川さんら家族ら12人は、親類のいる兼城村（現糸満市）阿波根にたどり着きます。移動は1945年5月末から6月初旬にかけてのことです。日本軍の南部撤退が始まっており、日本兵や民間人の多くが饒波を経て島尻へ向かいました。

登川さんは親類の案内で「サキタリガマ」と呼ばれる自然壕に避難します。戦前、壕内で酒が造られていました。全長は約200メートルで水が豊富でした。一時、那覇警察署の署員が避難したといいます。壕は現在も阿波根の住宅地に残っています。

「大変大きなガマで、川もありました。中でご飯を炊いて食べていました。私たちが入った時、日本兵はいませんでした。そのおかげで私たちは全員、米軍に収容されたのです」と登川さんは話します。

『糸満市史』によると6月8日ごろ、米軍の砲兵部隊が壕の周辺に陣地を構えました。11日ごろ、壕を見つけた米軍が「出てこい」「爆破するぞ」と呼び掛け、ガス弾を投げ込みました。その後、中にいた阿波根住民や各地から避難していた人々は壕を出て、米軍に捕らわれます。

サキタリガマではほとんどの人が犠牲を免れ、登川さんら12人も無事でした。「もしこの壕に入ることができなかったらと思うとぞっとする」と登川さんは振り返ります。

＊監視下、米兵が老人射殺

米軍に捕らわれた登川さんら家族12人はトラックに乗せられ、同じ兼城村の潮平に移動します。ここで一人のお年寄りが米兵に射殺されるのを目撃します。

《激しい戦火を無事生き抜き、米軍からの給食もいただいたその晩、一老人が警備の米兵の一発で貴い命を失った。老人はトイレへ行くために出たらしい。その頃はいつどこで全員殺されるか心配の毎日だった。》

登川さんは「潮平の浜で避難民は米兵に囲われていました。トイレに行くため、外に出た老人は家族が見ている前で殺されたんです」と話します。米軍の監視下で命の危機は続いていました。

潮平を離れた登川さんらは、宜野湾村（現宜野湾市）大山を経て中城村（現北中城村）仲順に移動します。

《今度は大きな船に乗せられた。海に捨てられるかもしらんと思ったが、大山に上陸し、数泊。それから中城村仲順に移動し、落ち着いた。

当時はまだ戦中で、ある日、中城湾に停泊中の米軍艦船目がけて特攻機が襲来した。迎撃の砲弾がものすごく、その破片が仲順一帯に降ってきて、住民がけがをした。》

沖縄戦における日本軍の組織的戦闘が終わったとされる1945年6月23日以降も特攻機の出撃は続きます。

＊母狙い敗残兵が銃撃

登川吉雄さんは仲順から隣の集落、喜舎場に移動し、瓦ぶきの家で暮らします。

《どういうことだったか、今度は仲順から喜舎場へ徒歩で移動だった。そこでも大きなカーラヤーに数家族が収容された。》

住民は芋掘り作業に追われます。米軍からは配給のレーション（携帯食）がありました。周囲には日本軍の敗残兵が潜んでおり、母の佳津子さんは命を狙われることもありました。

《炊事は屋外で、ある晩母が炊事をしていると銃弾が母のそばに飛んできた。あわや大変なことになったと母はびっくり仰天。それは日本軍の敗残兵が裏山のガマか壕にひそんでいるということだった。》

喜舎場にいる頃、民家を取り壊す作業に参加したといいます。焼け残ったカーラヤー（瓦ぶきの家）をなぜ壊されなければならなかったのか、登川さんは今も理解に苦しみます。

《喜舎場にいた頃、仲順の立派なカーラヤーにロープをかけて引き崩す作業を動員で手掛けた。なぜか分からないまま作業に加わった。

戦災に遭わず健在のカーラヤーだ。なぜだったか。家主たちはそれを知っていただろうか。戦災ではな

く人災だ。》

登川さんらは喜舎場を離れた後、現在の宜野座村に置かれた古知屋の収容地区に移動します。

＊ごみ捨て場で食糧探し

中城村喜舎場の民家に収容されていた登川さんら家族が移動した古知屋は戦前、中部や国頭など各地の人々が入植した県営の開墾地でした。

登川さんらが送られたのは現在のキャンプ・ハンセン演習場に接する高松です。食糧不足とマラリマに苦しみます。

《今度は喜舎場から遠く離れた古知屋開墾地へ大移動だ。最初はテント生活、次は竹の葉葺きの仮屋だった。食糧事情、マラリアはいろいろ伝えられている通り。母たちは食材調達に大変苦労した。》

吉雄さんは弟の吉勝さんと食糧探しのため収容地区を出て、西海岸にある現在の名護市許田まで行きました。許田には米軍のごみ捨て場がありました。

《西海岸に行けば何か手に入ると風の便りで知り、僕は弟と2人でとにかく行ってみようと、いくつも山を越えて谷を渡って西海岸に出た。西海岸は人通りのない広く明るい地域と感じた。そこに米軍のちり捨て場があった。運の良い時は、食べ物や日用品まで手に入れることができた。》

敗残兵に食糧を奪われることもありました。

《日本軍の敗残兵が銃を突き付け、太刀を振りかざして物をせびる。大変怖かった。それでも我々は警備の目をくぐって越境して物を調達していた。》

＊学校給食、家族と分け合う

登川さんらが暮らす金武村の古知屋収容地区は１９４５年９月の地方行政緊急措置要綱によって「古知屋市」となります。45年10月時点の人口は約２万人です。

高校も設立されました。福山高校、古知屋高校、中川高校などです。これらの高校は46年２月に統合され、現在の宜野座高校となります。登川さんも一時、高校に通います。

《収容所内に学校が設立された。戦中の旧制中学校の在校生は高校へ。ハイスクールと言っていた。そこへ編入することになって、ぼくは高校へ入学した。》

その後、小学校に自ら移ります。給食が目当てでした。

《小学校に給食があることを知り、ぼくは無断で高校を退学して小学校へ入学した。登校時には空き缶持参。給食のおつゆをいただくためだ。おつゆといっても丸いかまぼこが一つか二つ浮いているだけ。それにお米の大きいおにぎりだった。》

おにぎりは学校では食べず、家に持ち帰りました。

《我々はそれを食べずに家に持ち帰り、水を足して多くし、家族で食べた。母たちも作業でいただいたおにぎりを持ち帰り、家族で食べた。》

登川さんは収容地区の学校で給食があったことに今でも驚きを隠せません。学校でもらったおにぎりで家族は飢えをしのぎました。

＊マラリアでめい2人亡くす

古知屋収容地区にいた登川吉雄さんら家族は食糧不足に加え、マラリアにも苦しみます。米軍に捕らわれ、各地を転々とする中で、共に行動していた2人のめいを栄養失調とマラリアで亡くします。

《どの人もみんな栄養失調にマラリアの黄色い顔。我が一家も全員マラリアに悩まされた。残念ながら姪《めい》2人、幼い命を失ってしまった。》

年が明け、家族は古知屋を離れ、豊見城村伊良波に移動します。集落の外れに中北部の収容地区から戻った村民が暮らしました。

「伊良波に移動したのは1946年1月か2月ごろでした」と登川さんは語ります。

帰郷に先立ち45年12月、豊見城に入った先発隊が、伊良波や座安、渡橋名で、収容地区に戻る村民の受け入れ準備を進めます。伊良波を出た一家は宜保集落で暮らします。46年末には父の明孝さんが中国から復員しました。

教職を40年務めた登川さんは1997年から2001年までの5年間、『豊見城村史』戦争編専門部員として住民の沖縄戦体験の調査に携わりました。南部の激戦地をさまよい、収容地区を転々とした自らの体験を踏まえ、戦争体験の継承に努めました。

❖金城　潔さん（89歳）　那覇市

＊高等科2年、陣地構築従事

那覇市の金城潔さんから体験記が届きました。金城さんは現在の糸満市真栄里で米軍に捕らわれ、金武町中川の収容所に送られます。糸満市米須では当時の真和志村民の1人として遺骨収集に参加しました。

◇

金城さんは1930年11月、真和志村（現在の那覇市）国場で生まれました。4人兄弟の末っ子です。父の蒲助さんは中国大陸で兵役を終えた後に帰郷し、村役場で兵事に関する業務に就いていました。

1944年当時、長男の秀邦さんは長崎県佐世保市にいました。次男の光栄さんも兵役検査を経て、軍に動員されました。三男の栄次郎さんは私立開南中学校で学んでいました。沖縄戦では学徒隊の一員として戦場に動員されます。

金城さんは真和志国民学校高等科2年の生徒でした。陣地構築に追われる日々を送りました。現在の那覇市垣花から安次嶺に至る、がじゃんびらの高射砲陣地の構築に参加したことを覚えています。

「あちこちに陣地構築に行きましたよ。勉強どころではありません」と潔さんは語ります。

国場の集落付近にも日本軍は陣地を築きました。那覇市の国場自治会が2003年に発刊した『国場誌』によると、1944年8月ごろから、日本軍は集落近くの丘「上ヌ毛」に陣地壕造りを始めました。国場住民総出で壕造りを手伝っています。

公民館は軍の炊事場として使われ、兵舎も置かれました。「この辺はみんな陣地になったよ」と潔さんは話します。

＊10・10空襲　国場に避難民

1944年10月の10・10空襲の日、金城さんは国場にいました。金城さん家族は他の2家族と共に集落内にあった壕へ避難したといいます。国場は空襲の被害はありませんでした。

国場自治会編『国場誌』によると空襲で焼け出された那覇の住民が国場に逃れてきます。住民は炊き出しをして避難民を助けました。金城さんの母カマさんも炊き出しをした1人です。

「那覇から国場に避難民が上がってきました。母はにぎり飯を作って避難民に配っていました」

金城さんは「10・10空襲まで国場は平安に暮らしていました」と語ります。空襲は住民に大きな動揺を与えました。

『国場誌』は突然の米軍機の襲来に「村民は茫然《ぼうぜん》自失、まったくなすところを知らなかった」と記しています。真和志村には那覇市の避難民が集まり、人口が4千人ほど増えました。その後、真和志村から県外、本島北部への疎開が徐々に進みます。村民は当初、疎開に消極的でした。

1945年4月1日の米軍上陸の日、金城さんは父の蒲助さん、カマさんらと国場集落の拝所近くの壕に避難していました。上陸前の米軍の攻撃で多くの家屋が焼けてしまいました。

潔さんは壕のある場所から上空を飛ぶ米軍の偵察機を見ていました。

＊米軍砲撃　親類4人犠牲に

米軍上陸後も真和志村国場の壕に避難していた金城さんは米軍が迫り、親類の家族と共に島尻を目指します。

国場を離れた時期は1945年5月の中旬から下旬にかけてのことです。一緒に避難したのは父の蒲助さん、母のカマさんや祖父母、兄嫁の家族、いとこら11人です。

一行は南風原村（現南風原町）津嘉山を経て、東風平村（現八重瀬町）の友寄付近に入ります。薪小屋に避難していましたが、米軍の砲撃に遭い、いとこら4人が犠牲になります。

《迫撃砲が激しくなり、家族が入っていた薪小屋近くに着弾して、4人が一度に亡くなった。即死状態でした。座ったまま、目の前で亡くなりました。その様子は、とても表現できません。》

金城さんらは4人を弔った後、友寄を離れて東風平村志多伯にあった日本軍の壕に避難します。さらに高嶺村（現糸満市）与座を経て真栄里へ逃れます。足が悪く、一行から遅れがちになっていた祖父は志多伯にとどまりました。

志多伯を離れる時、蒲助さんは「後から迎えに来る」と祖父に言い残しました。しかし、その後の米軍の侵攻で祖父を迎えにいくことはかないませんでした。

「米軍が攻めてきて、自分たちは避難しました。とうとう祖父を見放してしまったんです」と金城さんは語ります。

＊至近弾　家族5人の命奪う

島尻に避難する途中、親類4人を米軍の砲撃で失った金城さんは父母らと共に、高嶺村真栄里にたどり着きます。

《真栄里に着いたのは6月12日ごろと思います。着いた日は静かでしたが、翌日の昼から迫撃砲弾が激しくなりました。》

安心して隠れる場所はありませんでした。「自分の身を防ぐだけで精いっぱい。周りを見ている余裕はなかった」と金城さんは語ります。

米軍の砲弾は容赦なく家族を襲います。

《安全な所もなく、無情にも至近弾で家族5人が被弾してしまいました。一瞬の悪夢、私一人を残して5人は亡くなりました。》

亡くなったのは父蒲助さん、母カマさんに祖母、兄嫁、幼い姪です。金城さんも足にけがをしました。母は息を引き取る直前、金城さんに水を求めました。

「母が『水が欲しい』というのでムラガー（井戸）に行きました。水をくんで戻ったら母は亡くなっていました」

両親ら5人の死から数日後、金城さんは近くにいた女性と共に、真栄里に進攻した米軍に捕らわれます。

《私は足をけがして座ったままでした。一緒にいた女の人が「アメリカーがちょーん」と言って逃げようとしましたが、前の方にも戦車があると言って戻ってきて、一緒に捕虜になりました。》

＊収容所に迎えに来た親類

金城さんが米軍に捕らわれたのは45年6月中旬から下旬にかけてのことです。18日には、米第10軍司令官のバックナー司令官が真栄里で戦死しました。米軍は日本兵、民間人を問わず、報復の無差別殺りくをしたと言われています。

金城さんは兼城村（現糸満市）潮平の臨時収容所に移され、負傷した足の治療を受けます。

「収容所に入って初めて足が痛み出しました。治療をして大型テントに寝かされているうちに、国場の家から大事に持っていたかばんがなくなりました。中には家族の写真帳が入っていて、悔しい思いをしました」

その後、ＬＳＴ（戦車揚陸艦）に載せられ、豊見城村（現豊見城市）瀬長や美里村（現沖縄市）泡瀬などを経て、金武村（現宜野座村）福山の収容所に運ばれます。

戦前、県営の開墾地があった地です。

《私は戦争でけがをして、各地の収容所で治療を受けた。やんばるの金武村福山区の仮設テントの中で「足のけがは大丈夫だから、知り合いの方でもいたら退院してよい」と言われていました。》

その後、同じ金武村の中川にあった収容所にいた親類が金城さんを迎えに来ます。

《数日後、どこで知ったのか、中川区から親戚の一つ上のお兄さんが迎えに来てくれました。夢のようで涙が落ちました。》

＊食糧求め、ごみ捨て場へ

家族を失い、福山の収容所にいた金城さんは１９４５年８月上旬、親類家族の兄さんに連れられて中川の収容所に向かいます。

《ここでは外での通行は自由ではありません。川上では兄におんぶされて川を渡りました。私が中川に行った日は８月７日ごろだと思います。》

中川では竹で造った小屋で暮らしました。食糧不足とマラリア、日本軍の敗残兵が避難民の脅威でした。収容所内で親類家族の母親が亡くなったといいます。

《収容所では２家族９人で暮らしました。家は山原竹ぶきで、４家族は入れるくらいの大きさでした。土の床に雨戸を敷いていました。心配なのはマラリアと食糧不足。山中には敗残兵がいました。食糧の配給日を知っていて、夜中盗《と》りに来たりしていました。》

食糧を求め金城さんは収容所を出て、米軍のごみ捨て場に通うようになります。ＭＰ（軍警察）の目を盗み、山道を通ってごみ捨て場を目指します。

《読谷の喜名に軍の大きなちり捨て場があるという話を聞き、兄と２人で戦果を上げに行きました。昼間はＭＰがパトロールするから山道を行きました。帰りは荷物を背負って、夜通し歩きました。》

缶詰など食糧が豊富なごみ捨て場は「天国だった」と金城さんは語ります。

＊那覇の惨状目の当たりに

金城さんが食糧を求めて中川の収容所から米軍のごみ捨て場に通ったのは3回ほどでした。ＭＰに捕まり、石川に連行されて砂場に設けた金網のおりに入ったこともありました。

収容所に学校もできました。しかし、通ったのはわずかの日数です。「学校に入ったけれど、地元の生徒とあまり言葉が通じず、行かなくなってしまいました」と金城さんは語ります。

収容所の暮らしに飽き足らず、金城さんは仲間と那覇の様子を見に行きました。

《私たちは収容所生活やマラリアが嫌になり、自由が欲しくなりました。生まれ島が恋しくなり、私と兄の2人、知り合いの2人の計4人で収容所から越境して那覇を目指しました。中川の収容所を後にして2日目に国場の部落に着きました。》

「怖いもの知らずでしたね」と金城さんは話します。10・10空襲とその後の激しい地上戦で那覇の様子は一変していました。

「残っているコンクリートの建物は天妃小学校くらいでした。国場は、山はそのままの形で残っていましたが、それ以外はどこがどこなのか分からなくなっていました」

破壊された故郷に衝撃を受けた金城さんらは米軍のトラックに乗って嘉手納を経て中川に戻りました。収容所暮らしは１９４６年の初めまで続きます。

＊慰霊碑に家族の名刻まれる

各地の収容地区にいた真和志村の住民に対し米軍は１９４６年1月18日、摩文仁村米須や真壁村糸洲への移動を命じます。1月下旬から移動は本格化します。中川の収容所にいた金城潔さんの移動先は糸洲でした。

摩文仁一帯には地上戦で亡くなった人々の遺骨が散乱していました。村民は遺骨を収集し46年2月、「魂魄《こんぱく》の塔」を建てます。

「私も遺骨収集を手伝いました。造っている途中の魂魄の塔も見ています」と金城さんは語ります。

真和志への帰村が許されたのは47年1月です。金城さんも国場に戻ります。長男、次男の兄2人は無事に復員しました。

私立開南中学校に通っていた三男の栄次郎さんは戻ってきませんでした。生徒は開南鉄血勤皇隊・開南通信隊に動員されました。栄次郎さんも戦場で命を落としました。金城さんには栄次郎さんに対し「申し訳ない」という思いが残っています。

「私たちが国場を離れた後、兄は家族に会うため国場に戻ってきたそうです。かわいそうなことをしました」

国場集落の丘「上ヌ毛」に建立された慰霊碑に父の蒲助さん、母カマさんらと共に栄次郎さんの名が刻まれています。

◆──エピローグ

戦後80年、100年に向け「悲劇を繰り返さない」誓い

本書『沖縄戦75年　戦火の記憶を追う』には、30人余の沖縄戦体験者の証言や発言が掲載されている。琉球新報記者の取材に応じてくれた方や体験記を寄せてくれた皆さまに感謝したい。本書を通じて体験者が語り、紡いでくれた言葉や文字を受け取る読者は、過酷な戦争体験に基づく深い平和への願いを共有するであろう。

沖縄戦体験は多様である。体験者に会うたび、そう思う。1944年の10・10空襲、45年4月1日の米軍上陸、米軍に捕らわれ収容地区へ送られた日。日時や場所が同じであっても、その体験には大きな開きがある。同じ集落、同じ自然壕（ガマ）であってもそれぞれの体験は全く異なる場合がある。

さまざまな地域に足を運び、多くの体験者の話に耳を傾け、証言を記録する。布を織るように証言を丹念に編むことで、沖縄戦の姿が見えてくる。

ひめゆり学徒隊の引率教師であった仲宗根政善《せいぜん》さんは1984年2月18日付の日記で書いている。

「われわれは南風原陸軍病院の壕で、患者の看護をした。隣の壕内で如何なることが起こっていたかさ

え知らなかった。生徒たちは隣の壕で友達が戦死したことも気づかなかったという。一人一人は点と線をたどったのであり、その一人一人の体験が総合されなければ、沖縄戦の実態はつかめないであろう」

敗戦から6年後の1951年、元学徒の手記を基にひめゆり学徒隊の体験を記録した『沖縄の悲劇―姫百合の塔をめぐる人々の手記』を刊行し、自身の日記でも体験の記録を続けてきた仲宗根さんの実感であろう。次のようにも記した。

「二十万余のさまざまの死の思いを忠実に伝えることこそ、もっとも重大であるにもかかわらず、生きている人々にとっては不可能に近い。しかし如何にしてこれを可能に近づけるかが、もっとも重要なことである。この困難を克服することに、生き残った者に課されたもっと重要な課題がある。われわれはこれに立ちむかわなければならない」

なぜ沖縄戦の悲劇、20万余の犠牲と向き合わなければならないのか、仲宗根さんの日記から伝わってくる。

戦後75年の今年、琉球新報は所属している部や担当を超えて沖縄戦報道に取り組んだ。その成果が本書と、8月刊の『沖縄戦75年　戦禍を生き延びてきた人々』である。

私たちはこれからも「重要な課題」に取り組むことを誓いたい。

75年の節目の今年、沖縄では戦争体験継承と平和の構築を考える上で重要な出来事が続いた。

一つは沖縄戦全戦没者追悼式の開催場所を巡る問題である。詳細は本書のプロローグに譲るが、まさに沖縄戦体験をどう継承すべきかを問われる事態であったと考える。私たちは連載「『戦争死』と向き合う―沖縄戦75年追悼の内実」を組み、この問題を取り上げた。

私たちが危惧《きぐ》するのは平和行政の形骸化である。形ばかりの追悼式、慰霊祭にとどまってはいけない。仲宗根さんが日記に記した「さまざまの死の思い」と真摯に向き合い、沖縄戦の実相を伝えていくことが後世を生きる私たちに求められている。戦後75年を経て、その姿勢が揺らいではいないか。そのことを連載で問い掛けた。

焼失した首里城の再建を求める動きと並行し、首里城の地下に残る第32軍司令部壕の保存・公開を求める動きが、県内で高まったことも特筆すべき出来事である。市民団体の活動も進んでいる。私たちは連載「戦火の首里城―地下に眠る32軍壕」と関連記事によって、「軍隊は住民を守らない」という沖縄戦の教訓を後世に伝える戦争遺跡である第32軍壕を公開する意義を説いた。

沖縄県内各地の戦争遺跡の調査や文化財指定は難しい状況にある。遺跡そのものの老朽化、体験者の減少という課題を抱えている。沖縄戦体験者や市町村の学芸員、平和ガイドと共に記者が戦争遺跡を訪ねる連載「記者が歩く戦争の爪痕」では、戦争遺跡の現状と合わせて体験者の証言を紹介した。体験者証言や資料収集などの粘り強い調査と文化財指定が待たれる。

未曽有のコロナウイルス感染症の広がりは、沖縄戦体験継承にも影響した。戦後75年という節目の年であるにもかかわらず、県内の平和関連施設は閉館を余儀なくされた。6月23日の「慰霊の日」に各地で開かれる慰霊祭も規模縮小、あるいは中止となった。犠牲者の冥福を祈り、平和への願いを発信する場が限定されたのである。予期せぬコロナ禍の中で私たちはいかに沖縄戦体験を学び伝えるか、座談会で論じ合った。

読者の体験記を基に沖縄戦を記録する連載「読者と刻む沖縄戦」にも静かな反響が寄せられた。コロナ禍の中で、75年前の戦場と今ある生を見つめ続けている体験者の思いが読者にも伝わったはずだ。

今年、「沖縄戦75年」を書名に冠した2冊の本を出すことができた。原稿が遅れがちな私たちに粘り強く接していただいた高文研の山本邦彦さんに感謝申し上げる。取材の過程では、多くの沖縄戦研究者、市町村史編さん作業の中で沖縄戦の証言や資料の収集に携わる方々から協力、助言をいただいた。合わせて謝意を伝えたい。

本書に収められた連載の取材の過程で、沖縄戦研究者の一人から「体験者はたくさんいる。しかし語り部はそれほどいない」という話をうかがった。私たちに求められるのは、体験者の苦しみに向き合うこと、ひとりでも多くの体験者が語る場を設けることだと考えている。

これからも紙面の中で体験者が語る場、戦争を知らない世代との出会いの場をつくっていきたい。

２０２０年10月

琉球新報社編集局次長兼編集委員（沖縄戦75年担当）、写真映像部長　**小那覇　安剛**

琉球新報【琉球新報社】

1893年9月15日に沖縄初の新聞として創刊。1940年、政府による戦時新聞統合で沖縄朝日新聞、沖縄日報と統合し「沖縄新報」設立。戦後、米軍統治下での「ウルマ新報」「うるま新報」を経て、1951年のサンフランシスコ講和条約締結を機に題字を「琉球新報」に復題。現在に至る。
各種のスクープ、キャンペーン報道で、４度の日本新聞協会賞、日本ジャーナリスト会議（ＪＣＪ）賞、石橋湛山記念早稲田ジャーナリズム大賞、平和・協同ジャーナリスト基金賞、新聞労連ジャーナリスト大賞、日本農業ジャーナリスト賞など多数の受賞記事を生んでいる。

沖縄戦75年
戦火の記憶を追う

●二〇二〇年一〇月三一日 ——————— 第一刷発行

編著者／琉球新報社 編集局

発行所／株式会社 高文研
東京都千代田区神田猿楽町二―一―八
三恵ビル（〒一〇一―〇〇六四）
電話03＝3295＝3415
https://www.koubunken.co.jp

印刷・製本／精文堂印刷株式会社

★万一、乱丁・落丁があったときは、送料当方負担でお取りかえいたします。

ISBN978-4-87498-742-1 C0036